Dólares y se

Este libro está dedicado a los innovadores proveedores
de cuidados infantiles en Montana, que nos mostraron
que las guarderías pueden ser rentables y nos dijeron cómo

Join us on the web at
EarlyChildEd.delmar.com

Dólares y sentido:

Planee la rentabilidad de su empresa de guardería

Janet Bush

Montana Child Care Resource & Referral Network

THOMSON

DELMAR LEARNING

Australia Canada Mexico Singapore Spain United Kingdom United States

Dólares y sentido
Janet Bush

Directora de la unidad comercial:
Susan L. Simpfenderfer

Asistente editorial:
Ivy Ip

Gerente ejecutiva de mercadotecnia:
Donna J. Lewis

Director de adquisiciones:
Erin O'Connor Traylor

Gerente ejecutiva de producción:
Wendy A. Troeger

Gerente de canales:
Nigar Hale

Editor Superior de desarrollo:
Melissa Riveglia

Editora de producción:
J.P. Henkel

Para solicitar autorización de usar material de este texto llame al siguiente número de teléfono o fax. Teléfono: 1-800-730-2214; Fax 1-800-730-2215; o visite nuestra página en internet en la dirección http://www.thomsonrights.com
Library of Congress Cataloging-in-Publication Data
Bush, Janet.
Dollars & sense: planning for profit in your child care business / Janet Bush.: 1st ed.
p. cm.
Includes bibliographical references and index.
ISBN 0-7668-2236-2
1. Day care centers—Administration. I. Title: Dollars and sense. II. Title.

HQ778.5 .B87 2001
362.71'2'0973—dc21   00-034073

NOTA PARA EL LECTOR

Contenido

Prefacio

Si usted es un proveedor de servicios de guardería, es probable que su negocio no esté boyante. ¿Cómo entonces hará para mantener a flote su empresa y recibir un salario razonable? *Dólares y sentido: Planee la rentabilidad de su empresa de guardería* le enseña las capacidades elementales que necesita para mejorar su rentabilidad y sus relaciones con los clientes.

Los proveedores de todo el país manifiestan su preocupación por unos ingresos que se acercan a la línea de la pobreza. Los bajos salarios contribuyen directamente a la acelerada tasa en que estos proveedores cierran sus negocios y dejan el campo de los servicios de atención a los niños más pequeños. La mayoría de los recién llegados entran en el campo sin proyectar un presupuesto y aun los veteranos tienen problemas para calcular el ingreso neto del año anterior.

Cuando la Montana Child Care Resource & Referral Network comenzó a trazar este currículo de capacitación empresarial para uso de proveedores en zonas fronterizas, rurales y urbanas de nuestro estado, tampoco sabíamos cómo manejar una empresa pequeña. Aprovechamos la experiencia de la Montana Community Development Corporation, un centro de fomento de las pequeñas empresas, y ellos nos llevaron a los líderes de la industria local de guarderías: proveedores que habían demostrado atención de calidad, longevidad y experiencia en el campo, además de un rentabilidad admirable.

Observamos de inmediato que estos innovadores habían establecido políticas firmes para limitar la pérdida de ingresos en épocas de inestabilidad del mercado o clientes inconsistentes. Se percibían como profesionales que se merecían las mismas cortesías y compensaciones de médicos, contadores y vendedores. Por último, defendían su profesión y con frecuencia eran tutores informales de nuevos proveedores.

Nota!

Este programa de capacitación no es una mera colección de habilidades para el nuevo proveedor, sino que enseña una nueva actitud acerca del profesionalismo autodeterminado y la compensación de los proveedores de atención infantil.

Muchos proveedores entran en el campo de las guarderías porque les gusta trabajar con niños y nunca se imaginaron la cercanía (y la tensión) con que tendrían que trabajar con los padres. Los innovadores de nuestra industria señalaron muy poco estrés en sus relaciones con los padres. Demostraron tener excelentes dotes para la comunicación oral y escrita y eran muy claros al señalar los límites de sus relaciones profesionales con los clientes. Con esto presente, integramos un componente de comunicación en nuestra capacitación empresarial. Después de todo, ¿para qué quiere un proveedor preparar contratos y normas insuperables si no tiene la confianza o las capacidades comunicativas para imponerlos?

Dólares y sentido respalda a los proveedores al transformar su función de "niñeras" en "profesionales para la niñez temprana". Padecemos una incongruencia en nuestro sistema de valores culturales que nos dice que "la crianza y el dinero no se mezclan". En otras palabras, si uno ama a los niños, no debe interesarse en el dinero; pero si uno se interesa en el dinero, entonces no ama realmente a los niños. Nuestro sistema de guarderías ha operado con la premisa inherente de que no importa cuán poco ganen, los proveedores ofrecerán un cuidado de primera calidad porque aman a los niños.

Estamos listos para poner en tela de juicio esas nociones. Como han demostrado las mujeres de otras profesiones de atención a las personas y educación elemental, quienes cuidan niños pueden exigir salarios suficientes por su trabajo. Los proveedores de atención infantil requieren capacitación y apoyo para solicitar una compensación adecuada por sus servicios y condiciones laborales razonables.

AGRADECiMiENTOS

Esta obra no habría sido posible sin el apoyo y la experiencia de Marilyn White de la Montana Community Development Corporation y Kathy Miller Green del University of Montana Rural Institute on Disabilities Child Care Plus+.

La autora y Delmar queremos expresar nuestra gratitud a los siguientes profesionales que ofrecieron numerosas sugerencias valiosas:

Maria Green
Instructora de desarrollo infantil
Moorpark Community College
Monopark, CA

Kathy Head
Lorain County Community
   College
Elyria, OH 44035

Nina Mazloff
Becker College
Leicester, MA

Gretchen Kolb
Directora, Rocking Unicorn
   Nursery School
Harwich, MA

Dólares y sentido: Planee la rentabilidad de su empresa de guardería, enseña destrezas básicas a personas que no tienen experiencia en la administración de empresas pequeñas. Subraya las mejores prácticas que son comunes en todas las empresas pequeñas y las estrategias de rentabilidad exclusivas de la industria de las guarderías.

Mientras estudia este curso, preparará un plan de negocios profesional que incluye un contrato, análisis de punto de equilibrio, sistema contable, plan de flujo de efectivo, estado de cuentas, forma de balance y calendario de mercadotecnia. Es esencial que haga los ejercicios y las tareas y que estudie los ejemplos incluidos en las seis lecciones de negocios. Así aprenderá a aplicar las nuevas técnicas empresariales a las circunsantcias particulares de su guardería. En el apéndice A se dan ejemplos de varios documentos comerciales. Fueron creados por proveedores de Montana occidental para satisfacer necesidades peculiares. No se pretende que usted los copie, sino que los estudie y los adapte para su propio uso. El apéndice B contiene formas para reproducir a su conveniencia.

Dólares y sentido incluye también seis lecciones de comunicación que ofrecen conocimientos de los principios básicos de la comunicación asertiva y la solución de conflictos. Se dan muchos ejemplos específicos de guarderías. Haga mentalmente los ejercicios de representación de papeles o hágalos con la ayuda de alguna de sus amistades para experimentar con las nuevas destrezas de comunicación. *Dólares y sentido* no agota de ninguna manera el extenso tema de las relaciones entre proveedores y padres y, por tanto, en el apéndice C se anotan otros recursos.

Aunque *Dólares y sentido* fue publicado para servir como herramienta de estudio individual, dos cabezas todavía son mejores que una. Invitamos a los lectores a que pidan apoyo, comentarios y experiencias a sus colegas proveedores, dueños de negocios, instructores en niñez temprana y centros de fomento a las pequeñas empresas.

Para los instructores en niñez temprana que quieran impartir *Dólares y sentido* en un entorno de aprendizaje en grupo, se ofrecen un manual del instructor y materiales didácticos auxiliares en la Montana Child Care Resource & Referral Network. El curso ha sido aprobado para conceder créditos universitarios y unidades de educación continua (CEU: Continuing Education Units) en varios estados. Para más información, póngase en contacto con la Montana CCR&R Network al (406) 549-1028.

ESTABLECiENDO SUS METAS PROFESiONALES

Objetivos del curso

METAS PARA SU ESTUDiO DE DÓLARES SENTiDO

A diferencia de la mayoría de los cursos de capacitación para el cuidado infantil, que se concentran en la relación personal entre el proveedor y el niño, este curso se enfoca en la relación comercial o de negocios entre el proveedor y el padre/la madre. Muchas de las discusiones más comunes entre los proveedores y los padres se eliminan cuando los proveedores mejoran sus habilidades de comunicación y sus aptitudes comerciales. Los siguientes objetivos le ayudarán a guiar y evaluar su capacitación. Firme este contrato para indicar su compromiso de que trabajará para lograr estos objetivos:

> **Nota!**
>
> Este curso de capacitación no es simplemente un resumen de conocimientos prácticos para el nuevo proveedor, sino que es una nueva actitud hacia el profesionalismo de los proveedores de cuidado infantil.

✔ Me consideraré a mi mismo como un profesional y esperaré condiciones de trabajo y compensación adecuadas.

✔ Utilizaré prácticas básicas comunes a las pequeñas empresas (contratos por escrito, normas generales, sistema para llevar los registros, plan del movimiento del efectivo, precios y mercadeo competitivos).

✔ Mejoraré mi comunicación con los padres sobre mi papel profesional como proveedor de cuidados infantiles, mi filosofía sobre el cuidado infantil de calidad y mis normas comerciales.

✔ Aumentaré mi comprensión de las preocupaciones de los padres, haré cumplir mis normas con firmeza y trataré a los padres con compasión y profesionalismo.

"¡Hola! Soy Felicia. Soy propietaria de una residencia para el cuidado infantil. Voy a ser tu mentor durante esta clase. Mis objetivos como proveedor son ganarme la vida con mi trabajo, sentirme segura económicamente y ofrecer un servicio estable a mis familias."

"¡Hola! Soy Chris. Soy la socia comercial de Felicia. Ambas cuidamos a 12 niños. Mi objetivo es tener relaciones abiertas con los padres. Desde el comienzo de su contrato con nosotros, los padres entienden lo que nosotros esperamos de ellos."

✔ Objetivo personal número 1 del proveedor:

✎ _____

✎ _____

✎ _____

✔ Objetivo personal número 2 de proveedor:

✎ _____

✎ _____

✎ _____

CAPÍTULO

1

LECCIÓN SOBRE LA COMUNICACIÓN

Declaración de los Derechos del Proveedor de Cuidado infantil

Si usted es un proveedor de cuidado infantil, probablemente será usted una persona dedicada a otros por naturaleza. Mientras que no tiene problema en proteger los sentimientos y derechos de otras personas, quizás no sea tan bueno en proteger sus propios derechos.

A veces tenemos que recordarnos que los proveedores de cuidado infantil son trabajadores y propietarios de empresas. El cuidado de niños en su hogar es un negocio y ser proveedor de cuidado infantil es un empleo. Todo trabajador tiene derechos básicos. Desafortunadamente, en comparación con los trabajadores sindicalizados como maestros y enfermeros, la profesión de cuidado infantil es nueva y relativamente desorganizada.

> **Nota!**
>
> Los proveedores de cuidado infantil son profesionales y tienen derecho a buenas condiciones de trabajo y al prestigio como trabajadores.

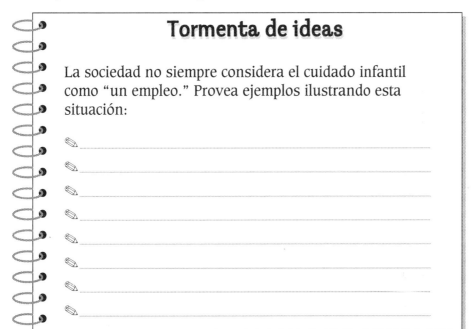

Tormenta de ideas

La sociedad no siempre considera el cuidado infantil como "un empleo." Provea ejemplos ilustrando esta situación:

✎ _____

✎ _____

✎ _____

✎ _____

✎ _____

✎ _____

✎ _____

"He aprendido a preguntarme: ¿Qué clase de interacciones profesionales deseo y merezco cuando trabajo con padres y otros miembros de mi comunidad?"

"Adelante, damas y caballeros. ¡Qué comience la revolución!"

"¡Buen trabajo! Ahora recuerde estos temas mientras discutimos contratos y normas generales."

"Correcto. Ahora usted puede comenzar a aprender estrategias para evitar que su negocio pierda dinero constantemente."

Tormenta de ideas

Un proveedor/propietario de empresa de cuidado infantil tiene derecho a:

Haga una lista de los derechos del proveedor de cuidado infantil.

Tenga en cuenta los tipos de derechos profesionales que otros empleos gozan. Piense además, en situaciones que usted considere no profesionales o que le quiten importancia. Estimule a los proveedores a que hagan referencia a sus propias experiencias. Los ejemplos siguientes le ayudarán a comenzar discusiones en grupo.

✓ Limitar sus horas de trabajo cadadía razonablemente
✓ Ser pagado puntualmente
✓ Tener vida privada afuera del trabajo
✓ Cambiar su politica de negocios
✓ Poner limites personales en los proble-mas de los padres

✎ _____
✎ _____
✎ _____
✎ _____
✎ _____
✎ _____

Tormenta de ideas

Nadie tiene derecho de hacer lo siguiente a un Proveedor/Propietario de Empresa de Cuidado infantil:

✎ _____
✎ _____
✎ _____
✎ _____
✎ _____
✎ _____

CAPÍTULO

2

LECCIÓN DE NEGOCIOS

Contratos y Normas

CONTRATOS Y NORMAS

Uno de sus primeros objetivos como proveedor de cuidado infantil es conseguir una situación económica segura y ser capaz de ofrecer un servicio estable a las familias que usted sirve. Otro objetivo es desarrollar asociaciones de confianza con los padres. Las normas de la empresa de cuidado infantil deben reflejar las necesidades individuales del proveedor, sus puntos fuertes, sus objetivos y el funcionamiento diario del programa.

Contratos

Los temas comerciales que se deben tratar en su contrato legal
con los padres son:

- ✔ Nombres de los adultos con quienes se relacionará (adultos que traerán/recogerán a los niños del centro y quién se encargará de los pagos)
- ✔ Direcciones, números de teléfono, números de seguro social y nombre del lugar de empleo de las personas encargadas de los pagos
- ✔ Direcciones, números de teléfono de los adultos que traerán/recogerán a los niños del centro (algunos proveedores exigen una copia del la licencia de conducir o alguna otra identificación con fotografía)
- ✔ Días y horas reservadas para el cuidado

Nota!

Los contratos deben establecer claramente las expectativas del proveedor/los padres. Las normas del negocio deben dar máxima importancia a la rentabilidad.

- ✔ Tarifas de pago, arreglos de pago por terceros, fechas de pago
- ✔ Ausencias de los niños programadas y no programadas
- ✔ Recargos (recargos por tiempo extra, recargos por recoger tarde al niño, recargos por pago tardío)
- ✔ Cargos adicionales (cargos por las actividades, el transporte, el seguro, la matrícula o el registro)
- ✔ Procedimientos de terminación del contrato
- ✔ Días festivos, días de vacaciones y días por enfermedad provistos por el proveedor
- ✔ Arreglos para el cuidado alternativo
- ✔ Normas de exclusión (no admisión) del niño enfermo
- ✔ Formularios médicos y para casos de emergencia

Normas

La declaración de su plan de acción por escrito describe más detalles adicionales de su empresa, incluso:

- ✔ Descripción de la filosofía del programa
- ✔ Proporción de niños por adulto
- ✔ Declaración de las normas de conducta a seguir
- ✔ Horario diario básico a seguir
- ✔ Materiales que suministrarán los padres
- ✔ Expectativas específicas de los padres (los niños llegarán al centro ya comidos y totalmente vestidos)
- ✔ Planes o procedimientos para entrevistas o encuentros de padres/proveedor
- ✔ Actividades especiales planificadas regularmente (hora de los cuentos en la biblioteca)
- ✔ Transporte de los niños a la escuela y/o las clases
- ✔ Actividades especiales y sus costos (clases de natación, de danza)
- ✔ Procedimientos para casos de emergencia

PREPARE UNA LISTA DE LOS ADULTOS CON QUIENES USTED HA ACORDADO TRABAJAR

Exija la firma de los padres y/o guardianes legales que compartan la custodia principal del niño y/o la responsabilidad de los pagos. ¿Hay alguna otra persona, además de los padres biológicos, que tendría que firmar su contrato?

Si otros adultos están autorizados a traer o recoger al niño del centro, liste sus nombres en el contrato. Si se producen cambios en la tutela del niño (por ejemplo a causa de divorcio) estos cambios deberán estar documentados en el contrato.

LISTE LOS DIAS Y LAS HORAS DEL CUIDADO RESERVADO

Cobre a los padres todas los horas del cuidado que reservan, aún cuando no las utilicen. Los padres compran una reservación o un periodo de tiempo en su programa de cuidado infantil, el cual usted acuerda reservar para ellos y no lo ofrecgerá a otra familia. Si ellos no complen con su reserva entonces usted habrá perdido la oportunidad de ganar dinero en ese periodo de tiempo. Por eso es que proveedores innovadores esperan ser pagos por horas reservadas, esté presente o nó el niño. Compare esta norma con otros negocios que reservan un servicio para usted, por ejemplo, las aerolíneas o los condominios con tiempo compartido. ¿De qué manera protege esta innovación a los proveedores de cuidado infantil de perder sus ingresos?

Limite las horas de proveer servicio. Está mas allá de la capacidad humana de muchos individuos ofrecer cuidado infantil 24 horas al día 7 dias a la semana. Si su política es ofrecer 24 horas de cuidado, usted debe de asegurarse de tener el personal disponible para apoyarlo. Generalmente aceptamos que 40 horas por semana es un número realista para los trabajadores en la mayoría de las industrias. ¿Cuál es el número apropiado de horas por semana para los proveedores de cuidado infantil?

LISTE LAS TARIFAS Y LAS FECHAS DE PAGO

Establezca claramente la cantidad que se cargará por hora, día, semana o mes (por ejemplo: $2.50 por hora, $16 al día, $80 por semana, $300 al mes).

Especifique claramente cuál es la fecha de pago (por ejemplo: el 1 y el 15 de cada mes, el primero y el tercer viernes de cada mes).

Exija *pago por adelantado* o un *depósito de garantía* para protegerse en caso de que los padres se vayan repentinamente sin hacer el pago final. Cuando se ha hecho el pago final al terminarse el contrato del cuidado infantil, el pago adelantado será devuelto a los padres. Usted puede adjuntar las normas de pago con la de notificación de termino. Por ejemplo, si usted requiere dos semanas en avance para ser notificado de una terminacion, entonces tiene sentido pedir depósito de dos semanas por adelantado.

Algunos proveedores prefieren todos los pagos por adelantado. Por ejemplo, si los pagos son semanales, se hacen al comienzo de la semana. Si los pagos son mensuales, se hacen al comienzo del mes. ¿Cómo puede esta norma proteger las entradas del proveedor? ¿Qué o tros negocios tienen normas de pago similares?

DESCRIBA SUS EXPECTATIVAS EN EL CASO DE AUSENCIAS DEL NIÑO

Establezca un número mínimo de días al año que los niños pueden faltar, sin recargo. Estos pueden ser días por enfermedad, vacaciones o ambos. Las ausencias que pasen del número establecido tendrán que pagarse. En el Capítulo 4 veremos más detenidamente estas normas.

Establezca como y cuando usted espera que los padres le informen sobre la ausencia del niño (por ejemplo: una llamada por teléfono a las 8:30 de la mañana cuando el niño está enfermo). Estas son políticas innovadoras. Estas aseguran que un proveedor no pierda entradas cuando las abuelas vengan de visita por un més, o halla una infección de varicela en el barrio. Estas normas difieren de las que usted tiene ahora? ¿De qué manera estas normas podrían mejorar sus ganancias y/o su nivel de comodidad?

LISTE LOS PAGADORES POR TERCERO

Muchos padres reciben asistencia para los pagos del cuidado infantil por parte del gobierno o los empleadores. Los padres algunas veces son requeridos de hacer parte del pago. Su contrato debe de establecer que porción del cuidado infantil deben de cubrir los padres. Además, establezca si el pagador por tercero pagará su tarifa, o una tarifa predeterminada típica por hora o por día, y cuándo se efectuará el pago. Si la tarifa predeterminada es más baja que la suya, usted podría cobrar a los padres la diferencia.

Investigue los programas de pago para el cuidado infantil patrocinados por el gobierno y por los empleadores que existen en su comunidad. Esté consciente de los requisitos de eligibilidad, documentación y co-pagos antes de acceder a participar en ellos. Para mayor información, comuníquese con su agencia de Recursos Informativos y Referencias del Cuidado Infantil (CCR&R).

Incluya la responsabilidad de los padres en completar los documentos necesarios para los programas de pagos por terceros. Los pagos no llegaran puntualmente si los formatos no son entregados a tiempo.

Esté al tanto de cualquier programa estatal de pago para el cuidado infantil, sus propias responsabilidades con respecto a la documentación, los requisitos de co-pagos del programa, y los requisitos de elegibilidad. Para mayor información, comuníquese con su organismo regulador estatal o la agencia local de Recursos Informativos y Referencias del Cuidado Infantil (CCR&R).

Si sus clientes no han utilizado totalmente los beneficios para el cuidado infantil patrocinados por el empleador al fin de año en diciembre, pregúnteles si están de acuerdo en recibir una tarifa especial por el cuidado infantil solo por esta vez o una bonificación del proveedor. Los padres pueden tener la opción de poner a un lado de su salario los pagos del cuidado infantil a travéz de un **plan de beneficios flexible** (o cafetería). En estos sistemas los padres pueden decidir al comienzo del año, cuánto desean poner a un lado de su salario para el cuidado infantil. Esta suma no puede ser cambiada durante el año al no ser que condiciones muy específicas de empleo o familia cambien. Si los padres sobre-estiman la suma a ser descontada sus empleadores guardaran el sobrante. Con una bonificación para el proveedor al final del año y no para el empleador como consecuencia por el error por parte de los padres. Como podría utilizarce un pago al fin año en cuidado infantil?

Plan de beneficios flexible: Un plan de beneficios ofrecido por las compañias a los empleados, por el cual pueden aportar una parte de su salario libre de impuestos, para cubrir los gastos de cuidado del dependiente, gastos médicos generales, seguros médicos y fondos de retiro. También conodído como plan de cafetería

Plan de cafetería: Un plan de beneficio ofrecido por las compañias a los empleados, por el cual aportan una parte de su salario, libre de impuestos, para cubrir los gastos de cuidado del dependiente, gastos médicos, seguros médicos y fondos de retiro. Tambien conocido como plan de beneficios flexible

LiSTE LAS NORMAS PARA LA TERMiNACIÓN DEL CONTRATO

Establezca por anticipado el aviso necesario para la terminación del contrato, por ejemplo: dos semanas o un mes. ¿De qué manera protege los ingresos del proveedor esta norma?

Incluya dentro del contrato un período para "familiarizarse": por ejemplo, dos o tres semanas. Esto permite que los padres y los proveedores tengan tiempo para determinar si el arreglo del cuidado infantil es el más conveniente para el niño. Durante este período tanto los padres como el proveedor pueden terminar el contrato sin penalizaciones o sanciones.

LISTE LAS PENALIZACIONES

Establezca las consecuencias por violaciones del contrato, creando compensaciones en sus tarifas por los inconvenientes causados. Por ejemplo, muchos proveedores cobran *un cargo por recoger tarde* al niño, por minuto o cuarto de hora. Los proveedores a menudo cobran un *recargo por tiempo extra* a una tarifa más alta por horas de trabajo adicionales a las establecidas en el contrato. Es legítimo cobrar un *recargo adicional de servicios* en caso de pago tardío.

¿Le molesta cuando un papá llega siempre tarde a recoger su niño al final del día, o cuando una mamá se olvida de traer su talonario de cheques el día de pagos? ¿De qué manera le ayudaría a implementar sus normas un contrato por escrito firmado por los padres?

✎ _____

¿Qué tipos de habilidades para comunicarse con otras personas le ayudarían a implementar sus normas?

✎ _____

LISTE LOS CARGOS ADICIONALES

Puede cobrar un *cargo adicional* por ciertas características adicionales de su servicio que son costosas (por ejemplo, transporte, materiales para artes y manualidades, profesor particular para la clase de música, excursiones especiales); por un costo anual (seguro contra la responsabilidad civil); o por el cargo de registro o matrícula que se cobra sólo a las familias nuevas. Hablaremos más sobre los cargos adicionales en el Capítulo 4.

ESPECIFIQUE LOS DIAS DE AUSENCIA DEL PROVEEDOR

Liste los días de fiesta durante los cuales su negocio estará cerrado. Estos son días de fiesta pagados, incluidos dentro de su estructura de tarifas. ¿Durante qué días de fiesta querría cerrar su empresa?

✎ _____

✎ _____

Liste los días en que se tomará sus vacaciones este año. Establezca si dejará un substituto o si los padres son responsables de buscar cuidado alternativo para sus hijos. ¿Si tuviese dos semanas pagadas de vacaciones este año, cuándo las tomaría?

✎ _____

✎ _____

Establezca qué hará en caso de enfermedad (por ejemplo, llamará la noche anterior para que los padres hagan arreglos alternativos de cuidado o contratará a un sustituto). Si usted incluye los costos de su ausencia dentro del presupuesto y de la estructura de tarifas, puede usted tener vacaciones y días por enfermedad pagados. Discutiremos esto más adelante en el curso. Liste algunas de las razones por qué los proveedores deben tener vacaciones pagadas todos los años.

ESPECIFIQUE LOS ARREGLOS ALTERNATIVOS PARA EL CUIDADO INFANTIL

Establezca que acepta buscar sustitutos para el cuidado infantil durante sus días de ausencia (vacaciones y enfermedad)
O que los padres aceptan hacer sus propios arreglos alternativos de cuidado infantil. Haga una lista de ideas acerca de algunos arreglos que usted podría hacer para tener un sustituto de confianza durante sus ausencias programadas y no programadas.

RE-NEGOCIE CON REGULARIDAD

Planee re-negociar sus contratos regularmente. Esto le da la oportunidad de re-examinar sus tarifas y cargos cuando sepa los gastos comerciales, el margen de ganancias, y las tendencias del mercado. Invite a los padres a expresar sus opiniones con sugerencias y preocupaciones antes de redactar nuevamente su contrato y sus normas. No tema subir sus tarifas periódicamente, mientras que éstas estén dentro del margen del mercado. Nombre otros negocios que re-negocian sus acuerdos con los clientes, o cambian sus tarifas y servicios.

INCLUYA LOS FORMULARIOS DE INFORMACIÓN MÉDICA Y PARA CASOS DE EMERGENCIA

Anexe al contrato un formulario firmado por los padres donde aceptan que se busque tratamiento médico para sus hijos en caso de una emergencia, incluyendo:

✔ Nombres del médico y del dentista del niño

- ✔ Cobertura del seguro médico
- ✔ Discapacidades específicas, condiciones médicas, o información sobre la alimentación que sea necesaria para manejar una situación de emergencia (por ejemplo alergias o alguna medicación de urgencia.)
- ✔ Nombre un contacto alternativo de urgencia a quien usted pueda llamar en casos de emergencia si no puede comunicarse con los padres.

Una carpeta con estos formularios debe acompañar a los niños en todas las excursiones o en el medio de transporte. ¿Tiene formularios completos de información médica de emergencia y de cesión de derecho por cada niño que tiene a su cuidado? Si no los tiene, llame a su agencia local de Recursos Informativos y Referencias del Cuidado Infantil (CCR&R) y averigüe cómo obtener estos formularios.

INCLUYA LA NORMA DE EXCLUSIÓN (NO ADMISIÓN) PARA NIÑOS ENFERMOS

Anexe a su contrato la *norma de exclusión (no admisión) del niño enfermo,* una lista de síntomas y condiciones que indican que el niño tiene una enfermedad contagiosa. Indique claramente que los padres son responsables de buscar cuidados alternativos para los niños enfermos. La norma de exclusión (no admisión) del niño enfermo puede encontrarla en su agencia local de Recursos Informativos y Referencias del Cuidado Infantil (CCR&R) o en el Departamento de Salud.

¿Porqué los niños con enfermedades contagiosas deben ser excluidos de ambientes de cuidado infantil donde hay niños sanos?

✎ _____

✎ _____

✎ _____

✎ _____

Dramatización

"¡Sus normas deben adaptarse a su personalidad! Un nuevo proveedor quizás necesite un poco de experiencia en cuidado infantil antes de saber las condiciones óptimas de trabajo para su empresa."

✔ Dramatice la llamada a un padre que esta mañana dejó, con mucha prisa, un niño con una fiebre de 101°.

✔ Imite a un proveedor que anuncia a un padre sobre los próximos cambios en sus normas de precios y cobranza de pagos.

Deberes para hacer en casa

✔ Revise el contrato modelo y la declaración del plan de acción en el Apéndice A.

✔ Complete el contrato de cuidado infantil al final de este capitulo y seleccione las normas que estén mejor de acuerdo con su empresa.

✔ Obtenga del CCReR o del departamento de salud las normas para la exclusión de un niño enfermo y anexela a su contrato.

"Yo estaba temerosa la primera vez que re-negociamos el contrato. Pensamos que nuestros clientes se enojarían. Pero la mayoría lo comprendió y se dio cuenta que estabamos actuando más profesionalmente. ¿Que una familia se fue molesta? Jamás notamos su falta."

Ejemplo de un Aviso de Cambios en el Contrato

2 de enero de 1998

Estimados Padres:

¡Feliz Año Nuevo! Como propietario de la Guardería en Residencia de Familia *Play Place,* mi primera prioridad es proveer a sus encantadores hijos un ambiente cariñoso y estable que estimule su desarrollo saludable. Y como profesional en educación preescolar, estoy comprometido a continuar con mi propia educación para asegurar la calidad del cuidado infantil en *Play Place.*

Durante el otoño pasado finalicé un curso sobre conocimientos prácticos y económicos en el área del cuidado infantil. El curso me enseñó cómo hacer mis prácticas de negocios en un ámbito más profesional, mejorar la forma de llevar los registros y planificar el futuro financiero de mi empresa.

Después de considerarlo detenidamente, he decidido modificar algunas de mis normas comerciales. Los cambios incluirán pago mensual por adelantado, número limitado de ausencias no programadas, un pequeño aumento en el cargo por el cuidado de tiempo parcial y la comprobación del estado de salud y vacunas actualizados. Programaré además dos semanas de vacaciones en el verano para mí durante las cuales contrataré un sustituto calificado.

Estos cambios entrarán en efecto el 1 de marzo. Dentro de poco entregaré el nuevo contrato y la declaración del plan de acción para que se informen y me expresen sus opiniones. Por favor háganme saber que opinan y piensan de estos cambios. Me comprometo a trabajar con ustedes para que esta transición ocurra tan facilmente como sea posible.

Todo cambio que realizo refleja mi mejor comprensión de la industria del cuidado infantil y de nuestro mercado local. Y todo cambio me ayudará a garantizarles un cuidado para sus hijos consistente y de alta calidad. ¡Gracias por su comprensión!

Les saluda atentamente,

Xue Vang

Guardería en Residencia de Familia *Play Place*

CONTRATO DE SERVICIOS DE CUIDADO INFANTIL

Nombre del programa: _____

Nombre del/de los padre(s) o guardián(es): _____

Nombre del niño en el programa: _____ Fecha de nacimiento: _____

Dirección: _____ Ciudad: _____

Estado: _____ Código postal: _____ Número de teléfono: _____

Nombre, dirección, teléfono de los adultos con quienes usted acepta trabajar

_____

_____

_____

Días y horas reservados para cuidar del niño _____

_____

Tarifas y fechas de pago _____

_____

Ausencias programadas y no programadas _____

_____

Pagadores por tercero _____

_____

Terminación del contrato _____

_____

Tarifas de penalizaciones _____

_____

Cargos adicionales _____

_____

Ausencias del proveedor (días de fiesta, vacaciones, enfermedad) _____

Arreglos para el cuidado alternativo _____

Fecha de re-negociación del contrato _____

Inclusiones: Formularios de información médica y de cesión de derechos para casos de emergencia

✔ Nombre y teléfono del Médico del niño

✔ Dentista del niño

✔ Póliza del seguro médico

✔ Discapacidades específicas, condiciones médicas o información sobre la alimentación

✔ Contacto alternativo en caso de emergencia

Incluido: Normas de exclusión del niño enfermo

CAPÍTULO

3

LECCiÓN DE COMUNiCACiÓN

¡Elimine el sentimiento de culpabilidad!

El sentimiento de culpabilidad puede ser una amenaza persistente en una persona de sentimientos delicados que trabaja en una profesión donde está al servicio de los demás. Los proveedores son testigos cercanos de conflictos entre familias, siendo muy difícil no intervenir para ayudar. Por ejemplo, las necesidades de las familias con niños pequeños son inmensas. Muchos padres son solteros y a menudo se encuentran lejos del apoyo del resto de la familia. En algunos casos, ni si quiera dos sueldos son suficientes para sacar a una familia con niños pequeños de una situación empobrecida.

Es común que los proveedores se sientan culpables cuando viven en circunstancias mejores que las de sus clientes. Además, los proveedores se sienten culpables cuando deciden no acomodar a los padres con necesidades o deseos específicos.

¿Qué situaciones pueden crear sentimientos de culpabilidad en un proveedor de cuidado infantil?

> **Nota!**
>
> Los sentimientos de culpabilidad proveen poco valor productivo a sus servicios de cuidado infantil.

Dramatización

Para adquirir una nueva perspectiva en situaciones de este tipo, imite la respuesta que otros profesionales que prestan servicios darían en circunstancias similares.

✔ Usted se enfrenta a su médico y lo acusa que le está cobrando demasiado y a la vez le dice que usted sabe que acaba de comprar una televisión y una videograbadora nuevas.

✔ Le pide usted al tendero que abra su tienda mas temprano el sábado porque usted y su marido tienen planes para ir a esquiar ese día.

✔ Se enoja con la maestra de su hijo de 7 años porque le ha sugerido, en forma muy amable, que su hijo debería ser examinado por dislexia.

✔ Le hace saber a su peluquero que el aumento de sus precios es muy injusto, porque su jefe no le dio a usted aumento este año.

ESTABLEZCA LÍMITES PROFESIONALES

Los proveedores son personas amables que prestan servicios de cariño como medio para ganarse la vida. Las simpatías y cariños que forman con los niños y padres son parte de la satisfacción de su trabajo. Pero los límites apropiados entre el proveedor profesional y las familias pueden nublarse con tanto contacto diario y cercano. Por lo tanto, los siguientes puntos se deben considerar:

✔ Considérese usted como un profesional capacitado, que ofrece un servicio vital a las familias.

✔ No permita que su relación con las familias se enfríe, se haga insensible o indiferente.

✔ Ofrezca un cuidado infantil profesional y de alta calidad, compasivo y sensible.

✔ No intente ser el salvador del niño o del padre, ser miembro de la familia, o amigo íntimo.

✔ Establezca los límites en la cantidad de servicios que puede prestar, sea claro acerca del costo de esos servicios.

✔ No se sienta culpable cuando sus servicios profesionales no pueden abarcar todas las necesidades de las familias.

✔ Aprenda a hablar comodamente sobre la buena calidad de los servicios que presta y porqué son de gran valor para sus clientes.

LOS RETOS SANOS SON RESPETUOSOS DE NOSOTROS MISMOS Y DE LOS DEMÁS

Es importante que los proveedores reflexionen de vez en cuando sobre la naturaleza de su relación con las familias y niños a quienes prestan sus servicios.

Dé ejemplos de los comentarios hechos por proveedores que indicarían una relación inestable con las familias.

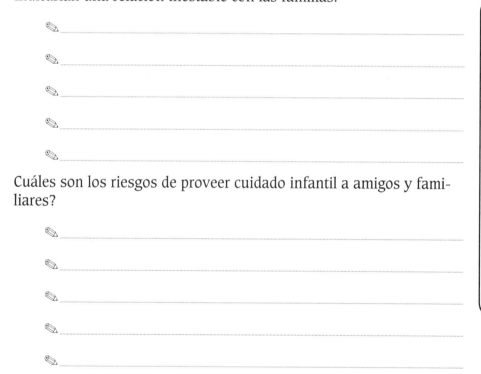

Cuáles son los riesgos de proveer cuidado infantil a amigos y familiares?

"Tenga cuidado con el sentimiento de culpabilidad—¡el regalo que sigue regalando continuamente!"

"No es realista pensar que usted pueda satisfacer todas las necesidades de todas las familias que usted sirve. Hable con otra proveedora, ella sabrá como se siente usted"

4

LECCIÓN DE NEGOCIOS

Tarifas, Precios y Cobros

A diferencia de otras industrias, las ganancias de los servicios de cuidado infantil no se pueden aumentar a través del aumento de ventas al consumidor. En el negocio del cuidado infantil, las reglas de sanidad y seguridad limitan el número de clientes que usted puede servir. Sin embargo, con normas firmes, prácticas consistentes y entendiendo los precios que el mercado pueda dictar, muchos proveedores crean una pequeña empresa rentable.

CONOZCA EL MERCADO

Estudie su **mercado** y establezca sus tarifas dentro de una escala de precios entre el margen medio y el alto.

- ✔ ¿Cuál es la tarifa de los otros proveedores?
- ✔ ¿Qué tipos de estructuras de tarifas son ahora comunes en su comunidad: por hora, por día, por semana, o por mes?
- ✔ ¿Son más caros ciertos tipos de cuidado, como el cuidado de bebés, el cuidado en fines de semana o el cuidado de medio tiempo?
- ✔ ¿Varían los precios según la localidad geográfica? Por ejemplo, el cuidado en el centro de la ciudad es generalmente más caro que el de las zonas fuera de la ciudad?

> **Nota!**
>
> ¡El establecer precios es una ciencia y un arte! investigue el mercado local, tenga en cuenta los gastos, y establezca sus metas de ingresos antes de seleccionar sus tarifas, precios y métodos de cobro.

Mercado: Los individuas o negocios que son clientes potenciales para adquirir un producto o servicio

Liste 3 posibles fuentes para obtener información del mercado en su comunidad.

✎ _____

✎ _____

✎ _____

Sondeo mercantil: Información recogida que refleja los números y preferencias de compradores potenciales de un servicio.

Arreglo de precios: La actividad ilegal entre competidores para cobrar los mismos precios por productos o servicios

Su agencia local del Child Care Resource e Referral puede brindarle a usted alguna perspectiva del mercado local de cuidado infantil. Un sondeo de mercado pudo haber sido conducido para información pública por el CCReR, su departamento regulador estatal o su asociación local de proveedores de cuidados infantiles. La mejor manera para un proveedor investigar los precios es llamando al CCReR u otra agencia veedora. Si dos o mas proveedores acuerdan un precio común, aún en una conversación casual, podrían ser acusados de arreglar precios en violación del acta federal antitrust (anti-monopolio)

Tabla de sondeo de precios del mercado

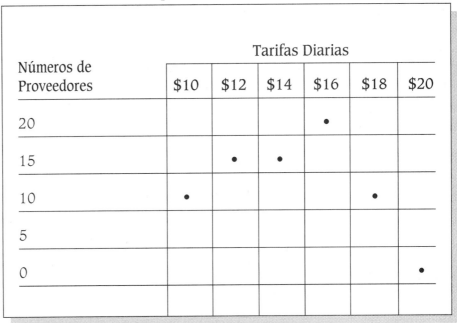

Números de Proveedores	Tarifas Diarias					
	$10	$12	$14	$16	$18	$20
20				•		
15		•	•			
10	•				•	
5						
0						•

"Una pequeña empresa exitosa fija los precios de sus productos dentro de la marca media o por encima de ésta."

Para comparar diferentes precios, haga una gráfica de su mercado, similar al ejemplo siguiente, en el cual se comparan las cantidades de proveedores que cobran tarifas diferentes:

CONOZCA SUS GASTOS

Calcule sus gastos antes de fijar sus tarifas. De la misma forma que si tuviera usted que manejar un negocio de tintorería, una tienda de comestibles o una peluquería, usted debe saber los costos de manejar su negocio. Después puede calcular cuánto dinero necesita cobrarle a sus clientes.

Lluvia de ideas

En grupo, preparen una lista de gastos para la empresa de cuidados infantiles. Incluyan las categorías de *gastos fijos* (o *gastos de operación*) como renta, servicios públicos y seguro; y *variables* (o *gastos directos*) que cambian con el número de niños a su cuidado, como comida y provisiones, salarios del proveedor, ausencias, beneficios, y deudas comerciales.

✎ _____

✎ _____

✎ _____

✎ _____

✎ _____

✎ _____

✎ _____

✎ _____

✎ _____

✎ _____

✎ _____

INCLUYA UNA META DE GANANCIAS

Decida cual será su **meta de ganancias**, la cantidad de dinero que espera ganar además de su salario y beneficios; anualmente y mensualmente. ¿Necesita ganar lo suficiente para mantener a su familia; está usted aportando salario adicional al de su esposo/a; o está en esta empresa sólo por diversión? Aungue en algunos meses los gastos serán mayores (y las ganancias menores) que en otros, estas fluctuaciones deben de ser anticipadas e incluidas en su proyección de flujo de dinero.

    Calcule sus metas de ganancias anuales y mensuales.

✎ _____

Meta de ganancias: El monto de ganancias que el dueño espera del negocio dentro de un tiempo determinado

PROYECTE NÚMEROS REALISTAS
HAGA UNA PROYECCIÓN REALISTA DE NÚMEROS

Nicho: Un servicio especializado a un grupo de clientes, tambien eonocido como: Justo lo que busca!

Incluya un *presupuesto de plazas vacantes* del 10%, un número promedio de espacios vacantes que su empresa puede soportar dentro de las proyecciones de ingresos. Usted debe presupuestar conservativamente para no encontrarse en una situación de sobre-gastos durante, periodos de transición como el verano, comienzos o épocas de rotación de clientes.

¿Porqué cree que los asesores de pequeñas empresas recomiendan esta estrategia de presupuesto a los proveedores de servicios de cuidado infantil?

En qué situaciones un proveedor debe estimar vacantes por encima del 10 por ciento?

CONSIDERE UN NICHO DE ESPECIALIDAD

Añada un *nicho de especialidad* ofreciendo un servicio especializado, diseñado para cubrir una necesidad específica en su mercado de cuidado infantil. Ciertos tipos de cuidado pueden tener mayor demanda que otros (por ejemplo: cuidado infantil, cuidado noctorno o de edad escolar). Si usted vive cerca a un empleados grande (un hospital, una universidad, fábrica o centro comercial) usted debe de considerar las difíciles demandas de cuidado infantil de sus empleados (por ejemplo: cambios de turno y parte de tiempo)

¿En su comunidad, qué tipos de cuidados tienen mayor demanda en comparación con otros?

✔ María, bibliotecaria en una escuela primaria, ofrece un programa de cuidado infantil antes y después del horario escolar. Su servicio incluye desayuno antes de la escuela, llevar los niños a la escuela y recogerlos, ayudar a los niños ante una crisis inesperada durante el día de escuela (como olvidarse el dinero para la excursión o perder los guantes) y ayudar con los deberes después de la escuela.

✔ Ty vive en un barrio cerca de una universidad estatal importante. Se especializa en el cuidado de tiempo parcial y ha aprendido a integrar el cuidado de niños que requieren atención especial dentro de su programa de alta calidad. Sus servicios se enfocan hacia los clientes que necesitan ayuda solamente durante medio día y tienen expectativas de calidad profesional. La mayoría de sus clientes son alumnos no tradicionales, personal de la universidad y profesores.

✔ Monika ofrece un programa preescolar que incluye el transporte de ida y vuelta a las clases de gimnasia semanales.

✔ El Preescolar internacional ofrece cuidado de niños de tiempo completo y tiempo parcial que incluye actividades diarias apropiadas para la edad en francés, alemán y español.

En su comunidad, que tipo de cuidados tienen mas demanda que otros?

✎ ....

TiEMPO COMPLETO VS MEDiO TiEMPO

Seleccione una tarifa de pago que le compense adecuadamente por su cuidado de tiempo parcial. En la mayoría de los mercados, los costos de medio tiempo son más altos que los de tiempo completo. Generalmente un proveedor prefiere trabajar con clientes de tiempo completo por que esto requiere menos cambios en el horario, menos cuentas, menos registros y niños. Por otra parte, cuidado de medio tiempo es en gran demanda, y no puede ser rentable para un proveedor excluirlo de su negocio.

"Nichos de especialidad por lo general exigen precios más altos que el promedio."

¿Cuáles son las ventajas de ofrecer solamente cuidado de tiempo completo?

✎ ....

✎ ....

¿Cuáles son las ventajas de ofrecer solamente cuidado de medio tiempo?

_✎_ ....

¿Porqué un proveedor cobraría una tarifa más alta por medio tiempo que por tiempo completo?

_✎_ ....

Cobre una *tarifa mínima* por el cuidado de medio tiempo. Por ejemplo, una tarifa mínima por día podría ser 4 horas por día. Si una familia utiliza sólo 3 horas al día, pagan la tarifa de 4 horas al día. Esta tarifa mínima puede estar definida en horas al día, horas por semana, o días u horas por mes.

Establezca un *número máximo de horas* por el cuidado de tiempo completo. Por ejemplo, una familia pagaría un cargo adicional por hora cuando utilizan más de 9 horas al día.

AUSENCIAS DEL NIÑO PAGADAS

Cobre por el cuidado que está reservado aunque éste no se utilice. Cuando un proveedor aparta un cupo para el cuidado de un niño, el proveedos se compromete a no ofrecer ese cupo a otro cliente. El padre ya ha pagado por ese cupo, sea que lo ocupe o no! ¿Cómo protege este plan al proveedor de pérdidas no planeadas?

_✎_ ....

Limite el número de ausencias que no se cobrarán a los padres, (por ejemplo, 10 días al año). Después que estas sean utilizadas, (por vacaciones o enfermedad) cobre por el tiempo reservado.

CUIDADO CON LAS TARIFAS PARA FAMILIAS

No pierda su margen de ganancias cuando ofrezca *tarifas para familias.* Tome lápiz y papel y calcule la diferencia que estas tarifas con descuento generarán en sus ingresos. Tenga en cuenta sus objetivos de mercado y la situación de éste antes de implementar las tarifas con descuento.

¿Por qué optaría un proveedor no ofrecer descuento para familias?

✎

CARGOS ADICIONALES

Cobre cargos adicionales según sea necesario para cubrir los gastos de operación del programa. Revise sus servicios y asegúrese de que cubre todos los gastos en los que pueda incurrir, por ejemplo: si usted ofrece transporte, sus precios cubren seguro, gasolina y mantenimiento del vehiculo?

Liste algunos de los servicios extras costosos, por los cuales un proveedor de servicio de cuidado infantil cobraria precios suplementarios.

Liste algunas especialidades adicionales costosas que un servicio de cuidado infantil podría ofrecer y cobre cargos adicionales razonables por ellas.

✎

Los proveedores pueden pasarle a los padres gastos hechos durante el año o una vez al año (por ejemplo: una póliza de seguro anual o mejoras en las instalaciones). Gastos permanenentes u ocasionales deben ser incluidos en los nuevos precios.

Liste algunos de los gastos que solamente se pagan una vez, en los que el proveedor pudiera pasar a los padres.

✎

Liste algunos de los gastos que solamente se pagan una vez en el que proveedor pudiera cargar a los padres.

✎

"Nunca establezca una nueva norma antes de haber hecho los números."

FECHAS DE PAGOS

Organice las fechas de pago de forma que funcionen bien con su empresa; por ejemplo, los pagos podrían ser semanales o mensuales. Si al fin del mes se le dificulta pagar sus cuentas a tiempo, considere cobrar por adelantado. Cuando cambie sus formas de pago, dé un preaviso a los padres por escrito y por avanzado.

¿Cuáles son las ventajas de un sistema de pagos mensual?

✎ _____

Considere una tarifa mensual fija.

> ### Ejemplo
> Los clientes de la "Guardería de Dee" son de medio tiempo (tarifa mínima de 4 horas por día) o tiempo completo (más de 4 horas por día). Todos los clientes pagan cada mes una tarifa fija basada en un mes de 21 días. Si bien es cierto que algunos meses son uno o dos días más largos, Dee cree que las tarifas son justas y fáciles de calcular. Además, Dee no da descuentos cuando los niños están ausentes. Los padres aceptan esta norma cuando consideran que Dee provee varios días de cuidado "gratuito" durante los meses más largos.

INCLUYA UN AUMENTO

Revise y modifique sus tarifas regularmente. Usted es como muchos otros trabajadores que esperan un incremento en su pago cada año, pero este entendimiento puede ser reflejado en el lenguaje de su contrato. Los incrementos pueden ser adheridos a un incremento en servicios o niveles de entrenamiento.

Ajuste del costo de vida (COLA): Un cambio en salario o sueldo basado en el índice del costo de vida por el gobierno federal. Muchos empleadores revisan el costo de vida en bases anuales y lo ajustan al sueldo de los empleados proporcionalmente.

Muchos trabajadores reciben un **ajuste del costo de vida (COLA)** basado en las tendencias de la economía anual y medido por el gobierno federal. Esto tambien puede ser reflejado en el lenguaje de su contrato. Usted puede llamar a su oficina local de la administracion del seguro social donde le informaran sobre el COLA de este año.

Si usted está cambiando sus políticas por primera vez, usted debe de comunicarlo por escrito a sus clientes y explicarles por que el cambio es necesario para asegurar la alta calidad y cuidado estable para sus hijos.

Incluya en el contrato un ajuste del costo de vida anual o cada dos años. Puede también llamar a su oficina local de la Administración del Seguro Social para conocer el ajuste del costo de vida de este año (COLA).

¿Cómo explicaría usted a los padres su decisión de implementar un aumento anual basado en el ajuste del costo de vida?

✎ _____

Tormenta de ideas

En grupo, hagan comentarios de esta declaración: "Algunos observadores de la industria del cuidado infantil han observado que éste es el único negocio que ellos conocen donde los trabajadores con más antigüedad ganan menos que los que comienzan en la profesión." ¿Verdadero o falso?

✎ _____

✎ _____

✎ _____

✎ _____

✎ _____

✎ _____

✎ _____

"Como ya dije, la mayoría de los padres me apoyaron completamente cuando cambié las normas. Les agradaba el mejor profesionalismo y estabilidad de nuestros servicios de cuidado infantil. Los pocos que se fueron eran los padres que no queríamos tener entre nuestros clientes."

Liste algunas ideas para ayudar a los padres en la transición sin complicaciones de las nuevas normas.

✎ _____

✎ _____

✎ _____

ASEGÚRESE DE ALCANZAR EL PUNTO DE EQUILIBRIO

¡Los ingresos de un proveedor deben cubrir sus gastos! Antes de tomar la decisión final en relación con sus obligaciones del contrato, tarifas, y precios, pregúntese: ¿Cuántos niños necesitaré cuidar para compensar mis gastos? ¿Es realista asumir que tendrá cierto número de clientes o necesita reconsiderar su contrato y sus precios? Utilice este simple **análisis para cubrir el punto de equilibrio** para evaluar su potencial de ganancias. Complete este simple análisis del punto de equilibrio. Para encontrar ese punto con un cupo promedio del 90%, posiblemente necesite ajustar sus tarifas.

Análisis del punto de equilibrio: Un calculo del nivel de ventas necesario para cubrir los costos y alcanzar las metas de utilidades

ANÁLISIS DEL PUNTO DE EQUILIBRIO

Costos Directos Mensuales (Gastos que dependen en el número de niños que cuida)
Alimentación. . . . . $ _____
Materiales . . . . $ _____
Trabajo . . . . $ _____

Más

Costos de Operación Mensuales (estos gastos no varían de mes en mes)
Publicidad. . . . . $ _____
Materiales para manualidades . . . . $ _____
Cuotas/suscripciones . . . . $ _____
Seguro . . . . $ _____
Mantenimiento/arreglos. . . . . $ _____
Materiales de oficina . . . . $ _____
Alquiler. . . . . $ _____
Teléfono . . . . $ _____
Salarios (de empleados que no trabajan directamente con los niños) . . $ _____
Capacitación . . . . $ _____
Otros . . . . $ _____

Más

Otras Necesidades en Efectivo (pagos de deuda, impuestos) . . . . $ _____

Más

Meta de Ganancias (su decisión) . . . . $ _____

Equivale a

Punto de Equilibrio (su decisión) . . . . $ _____

Ahora calcule:

Punto de Equilibrio . . . . $ _____
Dividido por el número de niños servidos por mes
(limitado por regulaciones estatales). . . . . $ _____

Equivale a

Promedio mensual de ingresos requeridos por niño . . . . $ _____

APRENDA A MANEJAR LAS OBJECIONES SOBRE PRECIOS

Comprenda la preocupación de los padres cuando le preguntan sobre los precios. Después de el pago de la casa, comida, e impuestos y tasaciones, el cuidado de niños es el cuarto gasto más alto de la familia tipica americana. El cuidado de niños facilmente le puede costar a un padre el 33% de su salario. Multipicando el costo del cuidado por cada niño que cuide el proveedor puede dar una impresión falsa de lo que realmente recibe el proveeedor como recompensa. Lo que los padres no saben es lo que cuesta realmente ofrecer cuidado de niños de buena calidad. Los proveedores necesitan sentirse comodos hablando sobre los gastos de su negocio y porque sus servicios son tan valiosos.

Los proveedores deben estar comodos cuando hablan de los gastos de su negocio y por qué su servicio es valioso. Hablen del valor. Muchos padres no saben como reconocer el valor del ambiente del cuidado de niños. Usted debe de educar a sus clientes. Algunas de las cosas que valoran los padres en un centro son: disponibilidad de cuidado, un ambiente sano y seguro, atención individual, proporción baja de adulto a niño, comidas y bocadillos nutritivos, juguetes y materiales apropiados para la edad de los niños al igual que un programa diario apropiado para el desarrollo de los niños y también un proveedor bien educado y comunicativo.

¿Qué tipos de preocupaciones tienen los padres cuando no están conformes con los precios del cuidado infantil?

Planee y practique una respuesta enfática sobre las preocupaciones acerca de los precios. Liste los beneficios que su servicio ofrece a los niños y describa ejemplos de las cualidades únicas de su empresa. Y no deje el tema del precio hasta que el padre esté cómodo. Cierre el contrato. Comprometase a que ellos entienden sus políticas de precios.

Ejemplo

✔ "Sé que el cuidado infantil es un gasto inmenso para las familias hoy en día y no le es fácil a usted absorber un aumento de precios. Cuándo investigué el mercado local del cuidado infantil, descubrí que mis nuevas tarifas están dentro de la escala de precios del cuidado de los bebés en nuestra ciudad. Es muy difícil conseguir servicios para el cuidado de los bebés. Los bebés necesitan atención más individualizada que los niños mayores y yo le garantizo que un porcentaje bajo de niños por adulto en mis servicios. Además suministro comidas nutritivas y pañales desechables gratis."

✔ "Lo que usted está pagando es por la certeza de que su bebé recibirá atención individualizada durante todo el día, que estas instalaciones son seguras y agradables para su hijo y que las actividades que realizamos todos los días le ayudarán a su desarrollo mental, físico y emocional."

✔ "Mis tarifas son más altas que algunas de los otros servicios de cuidado infantil en el barrio, pero esto se debe a que tengo el título de Asistente en Estudios Evolutivos infantiles, y que mis instalaciones están acreditadas por la Asociación Nacional de Guarderías en Residencias de Familia."

✔ "Ahora comprenden que el aumento de tarifas es necesario para cubrir los costos de los gastos mensuales de mi empresa. ¿Se encuentran conformes con mi nuevo contrato ahora?"

"Crea que usted lo vale, y respalde esta creencia."

"¿Necesita hablar de valor? Practique con un amigo"

Dramatización

En parejas imiten a un proveedor que discute sus tarifas con un padre que puede convertirse en futuro cliente.

✔ Utilizando su hoja de trabajo de "Gastos de empresa de cuidado infantil" al final de este capítulo, entre sus gastos. Refierase a sus cuentas y facturas recientes, y si es necesario estime sus costos.

✔ Complete la hoja de analisis del punto de equilibrio al final de este capítulo. Calcule el numero de niños que su empresa nesecita culdar cada mes para cubrir los gastos y obtener ganancias. Usted encuentra el punto de equilibrio cuando usted ha llenado un 90 porciento de los cupos de matricula. O usted nesecita ajustar sus precios?

✔ En pocas palabras describa su negocio. Incluya los servicios ofrecidos, tiempo de funcionamiento, su capacitación, y cualquier otra cosa que describa la alta calidad del valor de su negocio comparado con otros negocios.

✔ Escriba un párrafo breve y describa la forma en que su contrato y sus normas apoyan la rentabilidad de su empresa.

Encuesta de las Tarifas de Servicios de Cuidado infantil

Completada el _____ de _____ del 20 _____

Número de Proveedores	Tarifas Diarias					
	$10	$12	$14	$16	$18	$20
20						
15						
10						
5						
0						

Gastos de Empresa de Servicios de Cuidado infantil

(Anual o Mensual)

Tipo de Gastos	Gastos
Personal	
✔ Salario del Proveedor	
✔ Impuestos del Proveedor	
✔ Beneficios del Proveedors	
Alimentación	
Artículos en general	
Materiales para las actividades	
Equipo para el cuidado infantil	
Muebles para el cuidado infantil	
Ocupación de la instalación	
Servicios públicos de la instalación	
Mantenimiento/Arreglos de la instalación	
Teléfono	
Gastos de capacitación	
Suscripciones/cuotas de afiliaciones	
Gastos de pago del préstamo	
Gastos del cuidado alternativo	
Servicios de contabilidad	
Gastos bancarios	
Otros:	
Otros:	
Otros:	

Análisis del punto de equilibrio

Costos Directos Mensuales (Gastos que dependen en el número de niños que cuida)

Alimentación. . . . . $ _____

Materiales. . . . . $ _____

Trabajo . . . . $ _____

Más

Costos Mensuales de Operación (estos gastos no varían de mes en mes)

Publicidad . . . . $ _____

Materiales para manualidades . . . . $ _____

Cuotas/suscripciones . . . . $ _____

Seguro . . . . $ _____

Mantenimiento/arreglos. . . . . $ _____

Materiales de oficina . . . . $ _____

Alquiler. . . . . $ _____

Teléfono . . . . $ _____

Salarios (de empleados que no trabajan directamente con los niños) . . $ _____

Capacitación . . . . $ _____

Otros . . . . $ _____

Más

Otras Necesidades en Efectivo (pagos de deuda, impuestos) . . . . $ _____

Más

Objetivo de Ganancias (su decisión). . . . . $ _____

Equivale a

Punto de equilibrio . . . . $ _____

Ahora calcule

Punto de equilibrio . . . . $ _____

Dividido por el número de niños servidos por mes . . . . $ _____

(Limitado por regulaciones estatales) Equivale a

Promedio de entrada mensual nesecitada por niño . . . . $ _____

5

Estilos de Comunicación: Pasivo, Agresivo y Asertivo

Cada vez que interactuamos con otras personas, seleccionamos diferentes estilos de comunicación. Esta elección refleja nuestras actitudes hacia el comportamiento, grado de inteligencia, sensibilidad y derechos humanos de otras personas. Esta elección puede reflejar las situaciones en las que nos encontramos en diferentes momentos: la persona con quien estamos hablando; el tema sobre el que estamos hablando; el ambiente donde pueda usted estar sentado o de pie. A veces la elección es consciente; otras veces es automática.

Nadie exhibe comportamientos agresivos o pasivos por exclusividad. El jefe mas agresivo puede ser un gatico por dentro. O el dulce cajero del mercado puede estar hirviendo de rabia y manipulacion por dentro. Nuestra cultura literata está llena de caracteres que personifican los estilos extremos de comunicación. Usted notará que ellos generalmente trabajan en pares, pasivo y agresivo. Se nesecitan el uno al otro para poner sus estrategias a trabajar. Si usted está envuelto en un problema con una persona agresiva o pasiva, revise para asegurarse que no se encuentra en el papel opuesto. Si usted está, una manera de crear cambio, es cambiando su comportamiento primero!

> **Nota!**
>
> Un estilo de comunicación asertivo tiene más probabilidades de conducirle a resultados productivos en su empresa.

ESTILO DE COMUNICACIÓN PASIVO

Aquí hay algunas actitudes y comportamientos que son caracteristicos de pasividad.

✔ Usted tiene razón, pero no yo. No tengo confianza en mí misma.

✔ Dejo que otros tomen las decisiones por mí. Yo no quiero tomar riesgos.

✔ Ignoro mis propias necesidades y deseos, pero satisfago las necesidades y deseos de otros.

✔ Me siento incómoda compartiendo mis sentimientos y opiniones. ¿Qué es lo que verdaderamente se?

✔ Me siento cómoda en los papeles de Víctima y Mártir y me siento mejor cuando otras personas me tienen lástima.

✔ Si sufro lo suficiente, la gente sentirá admiración por mí.

Comunicación que ilustran este tipo de estilo de comunicación:
Podria usted agregar algo a la lista? ¿Puedes pensar de algún momento cuando actuaste de una manera pasiva pero no estabas conforme con la actitude mencionada aquí?

Mencione algunos personajes de un programa de televisión, libros o películas que muestran rasgos de un comportamiento pasivo.

Dramatización

Una madre no ha pagado a tiempo sus cuentas de cuidado infantil durante dos meses. Comportándose de manera muy pasiva, el proveedor trata de hablar de esta situación inaceptable con la madre cuando viene a recoger al niño el viernes por la noche.

ESTILO DE COMUNICACIÓN AGRESIVO

Algunas personas piensan que están actuando agresivamente cuando en realidad están actuando asertivamente. Es muy importante recordar que la agresión es irrespetuoso y manipulativo. Agresión es punitivo. Aquí hay unos ejemplos de actitudes y comportamientos que son caracteristicas de agresión.

✔ Yo estoy bién, pero usted no.

✔ Yo actuo en forma segura . . . pero muy adentro de mi no me siento segura

✔ Yo controlo y domino a otras personas para hacer las cosas a mi manera.

✔ Necesito sentirme superior a otras personas, así que junto a mi, usted es estupido, flojo o sin valor.

✔ Creo que sé lo que es mejor para otras personas, así que con gusto puedo tomar las deciciones por usted.

✔ Consigo lo que quiero, por medio de intimidación, carisma, fuerza o coerción quieralo o no.

¿Puedes aumentar a ésta lista? ¿Como se pueden comparar éstos rasgos a aquellos de un comunicador pasivo? ¿Están basados en diferente o similares principios? ¿Cómo actuaría una persona agresiva cuando tiene que ver con errores, criticas o cambio de opiniones?

Mencione algunos personajes populares de programas de TV, libros, o películas que demuestran rasgos de un comportamiento agresivo.

✎ _____

Dramatización

> Un padre ha planeado con anticipación que recogerá tarde al niño esa noche, porque tiene la fiesta anual de Navidad. Cuando llega a recogerlo, el proveedor sospecha que está demasiado borracho para manejar y reacciona agresivamente. Dramatice la respuesta agresiva del proveedor.

ESTILO DE COMUNICACIÓN PASIVO-AGRESIVO

Esta manera de communicación siempre se usa en secreto. De ves en cuando el secreto es basado en falta de honeradez punitivo. De vez en cuando esto es causado por limitaciones sociales que no permiten a la persona exprese abriertamente su autoridad o control en una situación. Muchas veces este es el camino que toma la persona que no es muy aceptada por otros, (por ejemplo, una mujer ambiciosa en un ambiente tradicionalmente dominado por los hombres). ¿Puede usted pensar de otros ejemplos? Si alguna persona la está tratando de manera pasivo-agresivo, debe de iliminar esta manera de secreto sacandola de las sombras. Aquí hay algunas actitudes y comportamientos de las caracteristicas de pasivo-agresivo.

✔ Yo tengo razón y usted no, pero no le dejaré saber que yo sé esto sobre usted.

✔ Yo controlo y domino a otras personas, pero lo hago en secreto.

✔ Necesito sentirme superior a otros, pero no quiero que ellos sepan que yo creo que ellos no son tan virtuosos, inteligentes o de valor como yo.

✔ Creo que sé lo que es mejor para otros, así que, me gusta tomar decisiones por ellos secretamente. para otros, pero no se lo digo.

✔ Yo controlo situaciones a escondidas, por medio de engaños y secretos.

¿Es este comportamiento similar al pasivo agresivo o ambos? ¿Cómo haría una persona que es pasivo-agresivo lidia con errores, criticas, o cambios de opinión. Mencione algunos personajes de TV, libros películas que demuestren caracteristicas de pasivo-agresivo.

✎ _____

Dramatización

El proveedor está descontento con un nuevo cliente, una niña de cuatro años que ha estado en un ambiente de cuidado infantil por tres semanas. Durante este período, ha mordido a otros niños, ocultado los juguetes de dentición de los bebés y se ha negado a comer sus almuerzos que saben "¡ahhh!" El proveedor no la quiere en el programa, pero no quiere que los padres se enojen con él y actúa de forma pasiva-agresiva.

Estilo de Comunicación Asertivo

Puede ver como los tres estilos de comunicación anteriores está basado en principlios similares que supone que las personas no son iguales o no merecen el mismo tratamiento; que las opiniones de algunas personas no son tan importantes como las de otras; y que si no eres un ganador, eres un perdedor. Que diferente sistema se encuentra en un comportamiento asertivo! Aquí encontrará algunas actitudes y comportamientos caracteristicos de asertividad.

✔ Tengo razón, usted también.
✔ No creo en la jerarquía de ganadores y perdedores.
✔ Opino que el poder se puede compartir.
✔ Respeto mis propios derechos y los de los demás.
✔ Hago saber mis opiniones y sentimientos.
✔ Escucho respetuosamente las opiniones y sentimientos de otros.
✔ Tomo mis propias decisiones y estoy dispuesta a sufrir las consecuencias.

✔ Cometo errores a veces.

✔ De vez en cuando cambio de opinión.

✔ Doy críticas constructivas.

✔ Escucho la crítica destructiva y trato de aprender de ella, aunque no esté necesariamente de acuerdo.

✔ Sé que no soy perfecto, pero a pesar de ello tengo confianza en mí mismo.

✔ Doy importancia a la negociación y a la transigencia.

✔ Trato de dejar pasar los temas que están más allá de mi control.

✔ Cuido de mi persona en el aspecto físico, emocional y profesional.

Cuando te estás comportando de manera asertiva, no estás en auto-piloto. En otras palabras, no estás reaccionando de cierta manera porque es comodo para ti o porque otras personas personas esperan eso de ti. De vez en cuando la mejor manera de determinar si un comportamiento es asertivo es viendo la motivación y suposición.

Mencione algunas personas polulares de TV, libros, o películas que demuestren las caracteristicas de comportamiento asertivo.

✎ _____

Dramatización

Un proveedor ha trabajado durante cinco años. El tiene una reputación excelente de ofrecer cuidado de calidad y pocas veces tiene espacios vacantes. Las familias han estado con el durante un largo tiempo, y los conoce bien. Por primera vez, el quiere subir sus tarifas. Algunos de los padres viven con un presupuesto ajustado y no les gustará la noticia. Dramatice cuando el proveedor le informa a los padres de manera asertiva sobre el cambio de precios.

ESTEREOTIPOS

A veces estos estilos de comunicación o comportamiento se vuelven estereotipos vinculados con grupos etnográficos. Por ejemplo, las mujeres sirvientas de la época victoriana debían comportarse de forma pasiva, mientras que los miembros del Club de los Angeles del Infierno (Hell's Angels) de la década de los sesenta supuestamente debían comportase agresivamente.

Cuáles son los estereotipos de comportamiento que se espera de las personas que cuidan los niños? De que manera estos estereotipos interfigren con su papel de gerente de negocio?

✎ _____

✎ _____

✎ _____

"El inteligente!

VENTAJAS DEL ESTILO ASERTIVO

Ninguno de estos estilos de comunicación son siempre "correctos" o "incorrectos". Tratamos de usar el comportamiento que comunique efectivamente nuestros sentimientos o nuestros deseos para mejor recibir una respuesta predicible. Por ejemplo, si un niño abusivo se roba la bicicleta de otro niño, los padres del niño querran comportarse agresivamente. Si un marido queriendo comportarse amable, quema horriblemente la cena que le preparaba amorosamente a su esposa para su cumpleaños, ella tal vez se comporte de manera pasiva.

El estilo asertivo se recomienda como manera de comunicación entre un proveedor y un padre porque demuestra una actitude respetuosa. Una comunicación asertiva también ayuda a el proveedor de cuidado de niños imponer polizas más efectivamente. Escuchar asertivamente ayuda al proveedor a aprender más sobre los padres y los niños con quien trabaja. Y un proveedor asertivo tiene menos problemas pidiendo consejos, admitiendo errores, o cambiando de opinion.

Se recomienda el estilo asertivo para la comunicación entre proveedor y padres. La comunicación asertiva ayuda a los proveedores a cumplir las normas comerciales de su empresa de cuidado infantil.

EL SER ASERTIVO ES UNA HABILIDAD

Los bebes son las personas más asertivas que conocerán. Ellos piden lo que quieren y necesitan. Expresan sus sentimientos abiertamente. Nunca son malos con ustedes a proposito. Ustedes nacieron asertivos! Si no se está comportando asertivamente, es porque aprendió otras estrategias de comunicación. Usted puede aprender de nuevo ser asertivo.

La practica lo hace perfecto. Practique todos los días—en pequeños intercambios con los padres, ensayando un papel con un amigo de confianza, o ensayando frente al espejo cuando esta esperando la luz verde de el semáforo. Entre más lo hace, más facil se hace. No solo se sentirá más comodo con su manera de expresarse, pero usted experimentará pequeños éxitos que reenforzará su nuevo comportamiento.

De cualquier manera es una buena idea que haga estos cambien en pequeños incrementos. Si usted decide que ha sido muy pasivo en su vida personal, no haga un cambio personal este fin de semana. En vez de eso, haga pequeños cambios manejables un día a la vez. Dele tiempo a su familia y amistades de ajustarse a sus nuevas respuestas.

Escuche sus sentimientos. Si su estómago se siente tenso, siente que sus sienes le palpitan , y su presión de sangre empieza a subir, su cuerpo está tratando de recordarle que necesita cuidar de si mismo y su negocio un poco más.

Escuche atentamente sus sentimientos. Los músculos de su estómago se endurecerán, le latirá la sien, su presión arterial se elevará cuando se encuentre en una situación en que no está cuidando bien de su persona o de su empresa.

¡Qué listo!

6

Un sistema eficaz de registrar los datos

Los registros comerciales de un proveedor de servicios de cuidado infantil es el pilar de su rentabilidad. Los expedientes del negocio dejan una huella de los ingresos y gastos reales. Ellos proyectan el flujo de dinero y son vitales para crear un presupuesto que trabaje. Documentación y **deducción** de impuestos ayudaría al dueño del negocio a tomar decisiones sobre nuevas actividades de ventas, un patrón de personal y pólizas.

¿Qué beneficios traerá al proveedor un sistema eficaz de llevar los registros?

CUENTA CORRIENTE POR SEPARADO

Establezca una **cuenta corriente** separada de su cuenta personal. En la cuenta de su empresa se depositarán los ingresos de su trabajo del cuidado infantil y de ella se pagarán los gastos. Averigue entre varios bancos cual podría darle el mejor servicio con los mejores terminos disponibles. ¿Hay que tener un deposito mínimo? ¿Estaría usted limitado al número de cheques que puede secribir al mes sin tener cobros extras? ¿Son lo cheques gratis?

> **Ejemplo**
> Rudy, una proveedora de cuidado infantil, se encuentra en el supermercado haciendo compras para la cena de su familia y recuerda que necesita dos cartones de leche para llevar al centro el próximo día. Generalmente, paga las compras semanales para el centro que hace en el supermercado, con un cheque por separado de su cuenta comercial, pero esa noche no tiene ese talonario de cheques con ella.
> ¿ Que debe hacer?

Nota!

Su sistema necesita una cuenta corriente para su empresa por separado, un libro de contabilidad para los ingresos y gastos mensuales, y un sistema de archivo.

Deducciones: Gastos de operación de una empresa que se aplican al reducir las ganancias brutas con fines de impuestos.

Cuenta corriente: Cuenta bancaria contra la cual se givan los cheques. Sirve para separar los ingresos y egresos del negocio de los ingresos y gastos personales.

Deposite cada dólar que reciba, ya sea de pagos o préstamos, en la cuenta corriente de la empresa. Cada gasto que ocurra, incluso los salarios del proveedor y las ganancias mensuales, se pagarán con cheque.

iNGRESOS DE LA EMPRESA Y LiBRO DE CONTABiLiDAD DE GASTOS

Contabilidad: La manera de registrar en un formato las entradas y los gastos por categoría

Siga los ingresos y gastos mensualmente a través del **libro de contabilidad de gastos**. Éste le proveerá información importante para muchas de sus decisiones de negocios.

El sistema de llevar un libro de contabilidad comercial de gastos debe tener tres secciones:

ingresos de la empresa

La primera sección es un registro de los *ingresos de la empresa* dividido en diferentes categorías (por ejemplo, costos del servicio, o reembolso del programa de Alimentación para el Bienestar de Niños y Adultos CACFP).

Depósitos hechos y cheques escritos

La segunda sección es muy similar al registro de un talonario de cheques donde se registra la fecha y la cantidad de todos los *depósitos y cheques que se hacen.*

Gastos de la empresa

La tercera sección es un registro de los *gastos de la empresa* divididos en categorías específicas (por ejemplo, alimentación, materiales para manualidades, servicios públicos). Utilice la columna "otros" para la categoría de gastos que no son frecuentes, como servicios profesionales (abogado, contador público titulado (CPA), asesores), capacitación/educación, gastos bancarios, equipo.

Una vez que el libro de contabilidad de ingresos y gastos del mes se ha completado, el proveedor puede determinar la entrada total de dinero por el mes, la fuente de entrada mayor, los gastos totales del mes, y la cantidad gastada en cada categoria de gastos. ¿Qué mas informacida nos podria dar la contabilidad?

Haga el balance del libro de contabilidad todos los meses. Reconcilie la cuenta corriente y el estado de cuentas del banco al final de cada mes. El libro de contabilidad y el estado de cuentas del banco deben coincidir. El libro de contabilidad de una empresa de servicios de cuidado infantil le proporciona al proveedor el origen y la dirección del dinero.

SISTEMA CONTABLE DEL CUIDADO INFANTIL

Usted podría conseguir un libro de contabilidad para llevar las cuentas de entradas mensuales en una tienda de materiales de oficina, pero es mejor usar el libro de contabilidad designado para el negocio de cuidados de niños. Pregúntele a un miembro del recursos de referencia que le sugiera un libro popular de contabilidad y donde conseguirlo, o cheque los anuncios comerciales en la revista de educación temprana.

SISTEMA DE ARCHIVO

Mantenga los registros en un sistema de archivo simple para proveer la documentación que respalda al libro de contabilidad. Cada negocio requiere un tipo diferente de papeleo. La siguiente lista muestra los archivos que se deben tener en una empresa de servicios de cuidado infantil:

Activos: Valor de todo lo que posee la empresa, incluyendo inventario, mobiliario, equipo, cuentas por cobrar, efectivo, terrenos o propiedades.

✔ Alfabético, Mensual o por Categoría—Todos los recibos y pagos de cuentas
✔ Bienes—Lista de muebles/equipo cuyo valor es más de $100, junto con la fecha de compra y el precio.
✔ Balance del Banco—Reconciliados
✔ Información de cuidado infantil—Registros del programa de alimentación para adultos y niños, de capacitación y asistencia diaria.
✔ Contratos—Registros de matriculas del negocio de cuidado de niños, polizas de seguro automobiliario y responsabilidades contra terceros, alquiler, acuerdos de servicios profesionales (por ejemplo: sustitútos de proveedores de cuidado, limpieza de nieve, corte de cesped)
✔ Clientes—Archivado Alfabeticamente con el nombre de los niños, incluyendo direcciones, teléfonos, contratos firmados por el cliente, formas de excusas médicas y registros de vacunas del niño
✔ Información—Lista de espera de clientes potenciales
✔ Pagos—Facturas por pagar

Ejercicios contables de ingresos y gastos del cuidado infantil

En la página 49 del Manual del Proveedor encontrará el libro de contabilidad comercial de la Guardería Residencial *Rainbow* del mes de febrero, completado parcialmente por su propietaria Samaya Yafi. La sección completa es un duplicado de las entradas del talonario de cheques de Samaya. Ayude a Samaya a completar el resto de esta página del libro. (Para verificar sus entradas cuando termine, refiérase al libro completo en la página 50.)

1. Registre la cantidad de cada depósito en la categoría correspondiente de ingresos.
2. Registre la cantidad de cada cheque que se ha escrito en la categoría correspondiente de gastos.
3. Sume cada columna de ingresos. Agregue el total de todas las columnas de ingresos—esta suma debe ser igual al total de la columna "Cantidad de Depósitos." ¿Coinciden?
4. Sume cada columna de gastos. Agregue el total de todas las columnas de gastos—esta suma debe ser igual al total de la columna "Cantidad de Cheques." ¿Coinciden?
5. Agregue el Balance de Entrada a la Cantidad Total de Depósitos. Reste de esta suma la Cantidad Total de Cheques. ¿Coincide este total y con el registro de cheques de Samaya al fin del mes? ¡Debería coincidir!

   Balance de Entrada

   + Cantidad Total de Depósitos

   _____

   =

   − Cantidad Total de Cheques

   _____

   = Balance Final

Una vez que haya completado el libro de contabilidad de ingresos y gastos de la Guardería en Residencia de Familia Rainbow, provea a Samaya la siguiente información:

✔ El total del ingreso de la empresa del mes de febrero;
✔ De dónde proviene la mayor cantidad de sus ingresos;
✔ El total de los gastos del mes y la cantidad que se incurrió en cada categoría de gastos; ¿Cuadran sus registros?

✐ Guardería Residencial Rainbow—Més de Febrero, 2XXX

Ingresos — Hoja de contabilidad — Egresos

Miscelaneos Descrip.	Costo	Pensión de cuidado infantil	USDA Programa Alimenticio	Monto de Depósito	Balance	Fecha	Cheques girados A: y descripcion de depósitos	Concepto	Cheque #	Monto del Cheque	Alimentación	Materiales	Mantenimiento	Teléfono	Utilidades	Préstamo	Cuentas Varias	Monto
					155		←VIENE→											
						2-1	Safeway	Comestibles	501	164								
				600	566		Swanson, Brown											
							Bill Watson	Limpieza de Nieve	502	25								
				800		2-5	Martin, White, Saito											
							Harrington	Impuestos	503	60								
							US WEST	Teléfono	504	15								
					1261		MT. Power	Electricidad	505	30								
					1100	2-6	Bi-Lo Foods	Comestibles	506	136								
							For Teachers & Kids. Etc.	Plastilina Marcadores	507	25								
				600	1700	2-9	Cates, Harvey, George											
					1650	2-10	CCR&R	Pago por Sesión	508	10								
							Susan Harris (Sub)	Sueldo. 4 horas	509	40								
					1625	2-11	K-Mart	Juguetes	510	25								
						2/15	U-Bank	Servicio	—	10								
				320	1735		USDA Food Program											
					1635	2-20	Montana Comm. Devl	Prestamo	511	300								
					435	2-28	Samaya Yafai	Salario	512	1200								
				2320	435					2040								

Hoja de contabilidad

Ingresos											Egresos							
Miscelaneos		Pensión de cuidado infantil	USDA Programa Alimenticio	Monto de Depósito	Balance	Fecha	Cheques girados A: y descripcion de depósitos	Concepto	Cheque #	Monto del Cheque	Alimentación	Materiales	Mantenimiento	Teléfono	Utilidades	Préstamo	Cuentas Varias	Monto
Descrip.	Costo							←VIENE→										
					155	2-1	Safeway	Comestibles	501	164	164							
		600		600	566		Swanson, Brown											
							Bill Watson	Limpieza de Nieve	502	25			25					
		800		800		2-5	Martin, White, Saito											
							Harrington	Impuestos	503	60								
							US WEST	Teléfono	504	15								
					1261		MT. Power	Electricidad	505	30								
						2-6	Bi-Lo Foods	Comestibles	506	136	136							
					1100		For Teachers & Kids, Etc.	Plastilina Marcadores	507	25		25						
		600		600	1700	2-9	Cates, Harvey, George											
						2-10	CCR&R	Pagos por Sesión	508	10								
					1650		Susan Harris (Sub)	Sueldo. 4 horas	509	40								
					1625	2-11	K-Mart	Juguetes	510	25		25						
						2/15	U-Bank	Servicio	—	10								
			320	320	1955		USDA Food Program											
					1635	2-20	Montana Comm. Devl	Prestamo	511	300								
					435	2-28	Samaya Yafai	Salario	512	1200								
		2000	320	2320	435					2040	300	50	25					

- ✔ Nómina—Documentacion del estado de ciudadania, formas de impuestos, copia de la carta de contrato con sueldo y horario, registros de nómina trimestrales, pagos de impuestos, ajustes de nómina y formas de nómina
- ✔ Cuentas por cobrar—Dinero que se le debe al negocio
- ✔ Proveedores de material—Catálogos y notas que el proveedor lleva sobre proveedores comerciales y servicios específicos, problemas que se han tenido con ciertos productos.
- ✔ "Por hacer"—Lista o calendario para recordar las *tareas por hacer* (por ej., envío de cuentas mensuales, pago trimestral del seguro, impresión anual de tarjetas profesionales, revisión anual del contrato/normas).

Un proveedor puede necesitar archivos adicionales como inventario, programas, ideas de proyectos, etc.

"Mi vida es mucho más fácil desde que comencé a utilizar este sistema de llevar los registros. Ahora sé que tengo todo bajo control—no me preocupo por cuentas inesperadas que aparezcan y no me pregunto si he ganado algo el mes anterior. Sé cuales son mis ingresos, mis gastos y mis ganancias."

CONSERVE ESTOS REGISTROS PERMANENTEMENTE

- ✔ licencia comercial municipal
- ✔ pólizas de seguro
- ✔ declaración de finanzas
- ✔ registros de contabilidad
- ✔ informes de auditoría, copias de formularios de declaración de impuesto sobre la renta
- ✔ fechas de depreciación (amortización)
- ✔ si es corporación, estatutos, agendas de las reuniones de los accionistas y reportes anuales.

CONSERVE ESTOS REGISTROS DURANTE SIETE AÑOS

- ✔ cheques cancelados
- ✔ registro de las nóminas de sueldos
- ✔ comprobantes de ventas y detalles de facturas
- ✔ contratos y alquileres
- ✔ cuentas de documentos por cobrar y por pagar

"Si usted ya hizo todo esto, Felicitaciones! Usted debiera de ser un mentor en cuidado infantil"

Deberes para hacer en casa

Las actividades siguientes son el pilar de cualquier empresa pequeña. Si usted no las ha completado todavía, comience a hacerlo esta semana.

✔ Abra una cuenta corriente para su empresa de cuidado infantil.

✔ Lleve un registro o libro de contabilidad de la empresa. Cómprelo en la tienda local de artículos para oficina, o puede pedirlo por teléfono a través de la lista de proveedores generales para los servicios de cuidado infantil listados en la página 50 del Manual del Proveedor.

✔ Compre una carpeta tipo acordeón y organice su sistema de archivos; utilice las categorías listadas en las páginas 50 y 51 del Manual del Proveedor.

✔ Reúna toda la documentación listada en al página 51 del Manual del Proveedor y guárdela toda junta en una caja a prueba de fuego o en un fichero o archivador.

✔ Escriba un párrafo breve describiendo su sistema de llevar los registros.

7

LECCIÓN DE COMUNICACIÓN

Habilidades para saber escuchar

Cuando alguien la/lo critica, es difícil escuchar bien, especialmente cuando la crítica se hace de manera agresiva. La habilidad de saber escuchar aumenta la cantidad de información que se comparte y mejora su entendimiento del problema. Ellos siguen los mismos principios que sigue el comportamiento asertivo. Aquí hay algunos que le ayudaran a saber escuchar mejor.

> **Nota!**
>
> El escuchar de manera activa conduce a la solución de problemas.

DEJE QUE SUS ACCIONES DEMUESTREN QUE ESTÁ INTERESADO

Su comportamiento debe demostrar que está escuchando. Por exemplo, el que escucha de manera activa se sienta derecho en ves de torcido. Evita distracciones, apagando el TV y cerrando la puerta. Tal vez se reclinará hacia delante reafirmando con su cabeza meintras escucha. Liste algunas acciones y *lenguaje corporal* que son típicos de alguien que sabe escuchar.

✎ _____

DÉ RESPUESTAS CORTAS Y ALENTADORAS

Sin interrumpir, una persona que sabe escuchar da tranquilidad y apoyo la persona que habla. Asintiendo así: "Ah ja" "Cierto" "Seguro" "Sí" ¿Cómo se sentiría al hablar con alguien y no recibir ninguna respuesta por el que la eschucha?

✎ _____

RESPONDA, RESUMIENDO EL MENSAJE QUE HA OIDO, A LA PERSONA CON QUIEN ESTÁ HABLANDO

Utilizando sus propias palabras, describa lo que escuchó decir a la persona que habla. Ésta es la manera de asegurarse que escuchó el mensaje correctamente. Es posible que no haya comprendido la situación. Este paso le da oportunidad a la persona que habla de corregir su comprensión antes de que el diálogo siga más adelante.

Ejemplo

Un padre sobresalta a Linda Hernández, una proveedora, exigiéndole copias de los menús de merienda y comida para revisarlos en su casa y declara que su hija parece estar hambrienta cada vez que la viene a recoger. Linda responde: "Parece como si pensara usted que Samantha no recibe suficiente comida nutritiva en el centro."

El proveedor Dan Harper le ha pedido varias veces a una madre el certificado actualizado de vacunas de su hija de 1 año, pero hoy la madre sorprende a Dan cuando le dice: "Si otros padres quieren poner en peligro la salud de sus bebés, es problema de ellos. Yo no lo voy a hacer." Dan responde: "Vamos a ver si la entiendo, ¿usted de momento, preferiría no traer el certificado de vacunas de Joey?

Una vecina enfadada ha venido al Centro de Niños por tercera vez en este mes a decirle a la directora Mary Charlo que los automóviles de los clientes del centro de cuidado infantil han estado bloqueando la entrada a su casa en el callejón. Mary responde: "Está usted atrapada por los autos que bloquean el callejón."

REFLEJE HACIA LOS DEMÁS LOS SENTIMIENTOS DE LA PERSONA QUE HABLA

Utilice *palabras que denotan sentimientos* para describir lo que la persona que habla está tratando de comunicar. Esto exige que utilice su don de empatía o la habilidad de comprender cómo se siente una persona en cierta situación. Si no ha comprendido los sentimientos de la persona que habla, sea paciente y pida más información.

Ejemplos

Linda pregunta: "¿Está preocupada por la salud de Samantha?"

Dan dice: "¿Parece que está asustada por los riegos asociados con la vacunación?"

Mary dice: "Puedo oír la frustración en su voz."

¡NO HABLE! NO HABLE CUANDO ESTÁ ESCUCHANDO

Esta es la regla de oro: No dé consejos. No haga comentarios sobre usted. No comente sobre la experiencia de otra persona. No explique porqué la persona que habla ha interpretado mal la situación. No le diga a la persona que habla por qué debería sentirse de manera diferente.

Piense antes de responder. Evite reacciones automáticas que podrían ser demasiado hostiles, defensivas o pasivas. De vez en cuando, la gente no quiere consejos, solo quieren a alguien que los escuche.

"Nadie puede hablar y escuchar al mismo tiempo."

TOME TiEMPO PARA PENSAR SOBRE SU RESPUESTA

No se sienta apresurado. Si se siente confuso, tome un minuto, una noche o una semana para pensar sobre su respuesta. Por ejemplo, es muy difícil escuchar criticas o alguna mala noticia. Es asertivo de su parte pedir un poco de tiempo para pensar las cosas antes de dar una respuesta.

> **Ejemplo**
> "Esta información es muy fuerte y no sé como responder a sus comentarios en este momento. Voy a reflexionar sobre esto durante la noche. ¿Podemos hablar mañana?" "Necesito tiempo para pensarlo. Lo llamaré más tarde."

PUEDE ESCUCHAR RESPETUOSAMENTE A LA CRÍTICA SiN ESTAR DE ACUERDO CON ELLA.

La verdad asertiva es que usted no puede hacer feliz a todos al mismo tiempo. Si piensa que la crítica es injusta, puede decirlo—calmadamente. Si la crítica parece justa, puede pedir más tiempo para reflexionar. Si su manera de ser es reaccionar ante la crítica en forma pasiva, es mejor pensar sobre la situación antes de dar una disculpa. A veces debe estar de acuerdo para poder estar de desacuerdo.

"¡Los padres enfadados pueden tener una lista larga de problemas y el problema más reciente haría rebasar el vaso! Debe escuchar toda la información para poder comprender qué les está causando enfado. ¿Es solamente el aumento de las tarifas? o ¿es el calcetín que se perdió <u>sumado</u> al día que nadie los saludó <u>más</u> el sustituto de la semana pasada que no se había anunciado <u>MAS</u> el aumento de las tarifas?"

ES RESPETUOSO EL PEDIR PERMISO PARA DAR UNA OPINIÓN

Si usted está escuchando, realmente escuchando, no dé una respuesta hasta que la persona que habla dé señales de que está en condiciones de escuchar, o hasta que se le pida a usted su opinión.

> **Ejemplo**
>
> "¿Quiere saber qué opino sobre esto?"
>
> "¿Puedo decirle mi opinión?"
>
> "¿Querría escuchar un consejo?"
>
> "¿Le gustaría escuchar sobre otro padre que tuvo un problema similar?"

APÁRTESE EMOCIONALMENTE DEL ENFADO DE LA PERSONA QUE HABLA

Cuando alguien está enfadado, no significa que usted también tenga que enfadarse. Mantenga su objetividad. Utilice la empatía para comprender el problema que se está presentando. Trate de comprender de qué manera la persona que habla llegó a esas conclusiones.

Cuando hable con una persona enfadada, use una voz baja y moderada. De datos y sentimientos correctos y claros. No insulte. Compórtese profesionalmente.

"Toda crítica, no importa lo injusta o irrespetuosa que sea, le provee información sobre usted. Pregúntese qué puede aprender de esta crítica que podría serle útil en el futuro."

Ejemplo

"Está usted muy enojado. Quiero saber más al respecto.
Continúe por favor."
"¡Cuánto miedo debe haber tenido! Yo también estaría enojada."
"Oh."

Ejemplo

Un padre acusa a Erik Frank, proveedor de una guardería en residencia de familia, de ser codicioso al establecer su tasa anual de aumento. De tal situación Erik aprende que: Está entre los pioneros de una nueva práctica comercial no común en la comunidad de cuidado infantil. Su declaración de derechos es larga y los clientes no están dispuestos a leer los detalles. Sus gastos de empresa no son obvios para los clientes que utilizan sus servicios.

Cualquiera de estos puntos pueden ayudar a Erik a comprender y mejorar su negocio. Podría: Escribir nuevamente su declaración de derechos, de forma más concisa y remarcando los puntos de mayor importancia. Distribuir una carta a los padres antes de cada aumento de tarifas, especificando punto por punto, de forma general, los gastos fijos y los de operación que ocurrieron en su empresa de guardería en residencia de familia. Reconocer sus habilidades como gerente innovador de negocio y decidir ser mentor de algunos proveedores nuevos.

Dramatización

"Los niños de su guardería aprenderán técnicas de comunicación valiosas a travez de sus ejemplos."

Lea los siguientes escenarios con los participantes. Ya sea en grupos grandes o pequeños, dramatice soluciones para estos problemas de la vida real.

✔ El señor y la señora Chinikaylo se enfadan cuando escuchan que van a aumentar las tarifas del servicio de cuidado infantil. Son las 5 de la tarde. Los padres están llegando a recoger a los niños cansados. Los Chinikaylos están comenzando a subir el tono de voz y están claramente enojados con las perspectivas de un aumento en el costo de los servicios de cuidado infantil por tiempo completo. Aunque esta familia ha estado en este centro por dos meses solamente, el cuidado de su bebé ha transcurrido muy bien para todos y no querrían perderlos como clientes. Su encuesta mas reciente sobre las tarifas del mercado lo ha convencido que las tarifas que estaba cobrando eran muy bajas en relación al mercado. Trate de resolver este conflicto con compasión y positivamente.

✔ La señora Busch dejó hoy en el centro un niño de 4 años soñoliento y resfriado. Cuando, al tocarlo, usted lo notó caliente, le tomó la temperatura y averiguó que tenía 102 grados de fiebre. Su norma sobre la "Exclusión del Niño Enfermo" establece claramente que un niño con fiebre tiene una enfermedad contagiosa y no debería estar en el centro. Cuando llama por teléfono a la señora Busch al trabajo, dice con irritación: "¡Yo tengo un trabajo de verdad aquí! El Departamento de Finanzas está esperando mi informe sobre la Cartera de Grandes Inversiones. No me puede molestar con esto!" Usted está furiosa. Trate de resolver este conflicto con compasión y asertividad.

✔ Su vecina Bettina ha estado trayendo asu hija katie de siete años de edad por medio tiempo en las tardes por los ultimos siete meses. Katie frecuentemente se devuelve a las instalaciones, aún después de que Bettina la ha recogido, para continuar jugando con los otros niños a su cuidado. Usted no se siente cómoda asumiendo responsabilidad por la seguridad de katie, cuando usted no está siendo remunerada por ese servicio y a veces la presencia de la niña la pone por encima del número de niños autorizados que debe tener. Bettina tiende a enojarse rápidamente, y ya antes ha hecho comentarios sarcásticos acerca de la inconveniencia de tener un servicio de cuidado infantil en el barrio. Usted piensa que ya es hora de aclarar la situación. Trate de resolver el conflicto con compasión y positivamente.

ingresos y egresos: ¿Dónde se usted?

CREE UN PLAN DE FLUJO DE EFECTIVO PARA SU NEGOCIO

Una **proyección del flujo de efectivo** le da mucha información sobre su negocio. Por ejemplo, puede indicar el monto de fondos no presupuestados con los que cuenta para gastos inesperados o mejoras a las instalaciones. Puede proyectar los ingresos que el proveedor puede esperar cada mes o al final del año. Sirve como recordatorio de las veces al año en que se deben pagar gastos periódicos cuantiosos, como la prima **del seguro de responsabilidad** civil, y garantiza que estarán disponibles los fondos necesarios.

Veamos los cuatro pasos sencillos que es preciso seguir para controlar el flujo de efectivo y llevar el negocio por el camino correcto.

1. Haga un boceto de un plan de flujo de efectivo: una hoja de cálculo que proyecte las entradas de su negocio y los gastos durante un periodo prolongado.
2. Proyecte cifras realistas de gastos e ingresos, de acuerdo con su libro mayor.
3. Anote ingresos y gastos de cada mes, comenzando con las ganancias o deudas acarreadas del mes anterior.
4. Al final del mes, actualice su proyección anotando sus ingresos y gastos *reales* y calculando el margen de utilidades *real.* Compare estas cifras con su proyección y haga las correcciones necesarias en los gastos.

Ejercicio de plan de flujo de efectivo: Guardería Hipólita

Celia Hipólita estaba segura de que no había olvidado nada cuando solicitó la hipoteca al First Bank para financiar una guardería domi-

---

Nota!

Si pronostica con acierto ingresos y gastos, tomará decisiones financieras inteligentes que mantengan la rentabilidad de su negocio.

Proyección de flujo de efectivo: Estimado de ingresos y gastos en un periodo futuro específico (por lo regular un año). Muestra la pauta de entradas y salidas de dinero e indica cuánto y cuánto se necesitará efectivo para la operación del negocio.

Seguro de responsabilidad civil: Póliza de seguro que contrata el propietario de una guardería para protegerse de la responsabilidad por lesiones, enfermedades, muerte u hostigamiento sexual que se aleguen como resultado del cuidado en la guardería.

"Al principio, la hoja de cálculo del plan de flujo de efectivo intimida. Pero cuando comencé a vaciar las cifras de ingresos y gastos en mi sistema de contabilidad, ¡resultaron simples sumas y restas! Mi próxima meta es capturarlos en mi computadora."

ciliaria, la Guardería Hipólita. La empresa sería autorizada para dos adultos que se ocuparían de hasta 12 niños en la casa de Celia. Después de recibir un préstamo de $2,000 ($1,500 para cercar su patio y $500 para comprar dos muebles grandes de equipo para niños), Celia se dio cuenta de que no incluyó en su solicitud los $500 que necesitaba para instalar los juegos en el patio.

Ahora Celia debe decidir si regresa al banco a pedir más fondos. Piensa que tal vez pueda esperar tres meses y obtener suficientes ganancias para comprar los materiales para instalar los juegos, con lo que estarían listos para usarse a finales de abril. Entonces hace una proyección del flujo de efectivo para tomar su decisión.

Veamos la hoja de cálculo del flujo de efectivo de Celia entre enero y marzo. La clave contiene la información requerida para examinar las opciones financieras de Celia. Léala con atención, pues explica varios términos nuevos y fórmulas que usará al esbozar el flujo de efectivo de su propio negocio. Las definiciones de los nuevos términos también se encuentran en el glosario. Si Celia aprovecha su computadora en casa, podrá hacer todos los cálculos con un programa cualquiera de hoja de cálculo.

Clave para el flujo de efectivo de la Guardería Hipólita

INGRESOS

Los ingresos son todas las entradas del mes que recibe la Guardería Hipólita. Desde luego, el objetivo de Celia es maximizar los ingresos totales de cada mes.

Matriculación Celia tiene confianza en que durante enero cubrirá ocho de los 12 lugares de tiempo completo a $420 mensuales por niño. En febrero, Celia planea ocuparse de 10 niños de tiempo completo. En marzo, la familia de uno de los niños saldrá de vacaciones dos semanas. El contrato de Celia asienta que cada familia tiene derecho a tomar dos semanas de vacaciones. El pago de esa familia se reducirá 50% durante marzo, a sólo $210.

Programa alimenticio Celia recibirá un reembolso de $80 por niño a cuenta del USDA Child and Adult Care Food Program (Programa alimenticio en la atención de niños y adultos). En enero recibirá $640; en febrero, $800, y en marzo, con la ausencia de un niño dos semanas, su pago por el programa se reducirá en $40 a $760.

COSTOS DIRECTOS

Los costos directos son los gastos que varían de acuerdo con el número de niños atendidos. También se conocen como gastos variables.

Salarios En un negocio de guardería, los costos de salarios comprenden sólo la paga de quienes prestan los cuidados infantiles (las percepciones del resto del personal, como las cocineras o los trabajadores de mantenimiento, se consideran **costos indirectos**). Celia se paga $1,800 al mes, $1,500 para cubir sus gastos personales y $300 para su esquema privado de ahorro. Su asistente ganará $1,250 al mes. El salario de Celia y su asistente suman $3,040 mensuales.

Proveedor sustituto Celia también pagará a una reemplazo $50 para que se encargue de la Guardería Hipólita mientras ella asiste a una jornada de capacitación en febrero.

Alimentos Los costos de alimentos serán de $600 en enero, $750 en febrero y $650 en marzo.

Otros Durante una semana en marzo, Celia aceptó ofrecer transporte desde la escuela. Le costará $0.30 por milla en cuatro millas durante cinco días, o sea un total de $6.

Ingresos: Entradas que recibe el negocio.

Costos directos: Gastos que varían con el número de clientes atendidos. También se llaman *costos variables* o, en otras industrias, *costo de bienes vendidos (COGS)*.

Costos indirectos: Gastos que no varían con el número de clientes atendidos. En el caso de las guarderías, incluyen ocupación, servicios, teléfono, cuotas de capacitación, imprenta. También se llaman *costos fijos, costos de operación* o *gastos generales*.

Ficha del flujo de efectivo de la guardería

Nombre de la empresa: Guardería Hipólita
Del año: 2XXX

Mes de:	Enero	Febrero	Marzo	Total
Lugares ocupados:	8	10	10	
Ingresos				
Matrícula en la guardería	$ 3,360	$ 4,200	$ 3,990	$11,550
Reembolso del programa alimenticio	640	800	760	2,200
Otros				
INGRESOS TOTALES	4,000	5,000	4,750	13,750
Costos directos				
Salarios/Impuestos de empleo	3,040	3,040	3,040	9,120
Proveedor sustituto		50		50
Alimentos	600	750	670	2,020
Otros			6	6
COSTOS DIRECTOS TOTALES	3,640	3,840	3,716	11,196
Porcentaje de costos directos	91%	77%	78%	81%
Ganancia bruta				
Porcentaje del ganancia bruta	9%	23%	22%	19%
Costos de operación				
Publicidad	20			20
Tarifas bancarias	10	10	10	30
Suministros de la guardería	50	25	25	100
Vencimientos/Suscripciones	35			35
Seguro			368	368
Mantenimiento/Arreglos	25	50	50	125
Millaje				
Misceláneos	25	25	25	75
Papelería	20			20
Correo				
Imprenta				

Ficha del flujo de efectivo de la guardería (continuación)

Nombre de la empresa: Guardería Hipólita
Del año: 2XXX

Mes de:	Enero	Febrero	Marzo	Total
Tarifas profesionales		60		60
Renta				
Impuestos/Licencias comerciales	25			25
Teléfono	15	15	15	45
Viajes				
Capacitación		10		10
Servicios	130	130	130	390
Sueldos/Administración				
COSTOS DE OPERACION TOTALES	355	325	623	1,303
GANANCIA NETA	5	835	411	1,251
Porcentaje de ganancia neta	0%	17%	9%	9%
Efectivo inicial	$0	$5	$540	
MÁS:				
Ganancia neta	5	835	411	1,251
Partida del préstamo	2,000			2,000
Inyección de recursos				
Subsidios recibidos				
Donaciones				
SUBTOTAL	2,005	835	411	3,251
MENOS:				
Servicio de la deuda (capital e interés)		300	300	600
Gastos de capital	1,500			1,500
Compra de equipo grande	500			500
Impuestos sobre la renta				
Retiro del dueño				
SUBTOTAL	2,000	300	300	2,600
Superávit (déficit)	5	535	111	651
Efectivo final	$5	$540	$651	

Porcentaje de costos directos: El porcentaje del ingreso de un proveedor de cuidados infantiles que se destina a los gastos del negocio relacionados directamente con la atención de los niños.

Ganancia bruta: Ingresos totales menos costos directos. También se denomina *margen de utilidad bruta.*

Porcentaje de ganancia bruta: Ganancia bruta dividida entre los ingresos totales, multiplicado por 100. Porcentaje de los ingresos totales que queda después del costo de los bienes vendidos.

Costos de operación: Gastos que no varían con el número de clientes atendidos. En el caso de las guarderías, incluyen ocupación, servicios, teléfono, cuotas de capacitación, imprenta. También se llaman *costos fijos, costos indirectos o gastos generales.*

Porcentaje de costos directos El **porcentaje de costos directos** es el porcentaje de los ingresos de Celia que se destina a los gastos del negocio relacionados directamente con la atención de los niños. Para calcularlo, se divide los costos directos totales entre los ingresos totales y se multiplica por 100.

GANANCIA BRUTA

Para determinar la **ganancia bruta** mensual de Celia se restan sus gastos mensuales de los ingresos totales del mes.

Porcentaje de la ganancia bruta El **porcentaje de ganancia bruto** es el porcentaje de los ingresos de Celia que queda después de pagar los costos directos. Para calcularlo, se divide el beneficio bruto entre los ingresos totales y se multiplica por 100.

COSTOS DE OPERACIÓN

Los **costos de operación** son los gastos que no varían con el número de niños atendidos. También se llaman costos fijos, costos indirectos o gastos generales.

Publicidad Éste es uno de varios costos de arranque que Celia pagará en enero. Se anunciará en el periódico local para llenar sus lugares vacantes y el anuncio le costará $20.

Tarifas bancarias Celia pagará $10 al mes por las tarifas de los servicios bancarios.

Suministros y materiales para la guardería Celia asignó $50 en enero, $25 en febrero y $25 en marzo por los suministros y materiales para la atención infantil.

Vencimientos/Suscripciones Celia pagará $35 en enero por unirse a la Asociación de Guarderías Familiares de su localidad.

Seguros La cuenta anual de Celia por el seguro de responsabilidad civil y contra incendios de su guardería se vence en marzo.

Mantenimiento/arreglos Celia destinó $25 en enero, $50 en febrero y $50 en marzo para arreglos y reparación de los salones de su guardería.

Misceláneos Sólo por seguridad, Celia apartó $25 al mes para gastos misceláneos.

Papelería Como otro costo de arranque, Celia gastará $20 en enero en papelería.

Servicios profesionales En febrero, Celia pagará a un contador $60 dólares para que prepare su declaración de impuestos.

Impuestos/Licencias En enero, Celia debe pagar una licencia comercial municipal de $25.

Teléfono Celia presupuestó $15 mensuales para las llamadas de larga distancia al Departamento de Servicios Familiares, que hará desde su teléfono doméstico de servicio.

Capacitación Celia piensa asistir a un día completo de capacitación durante febrero, en el local de CCR&R.

Servicios Celia pagará $130 mensuales este invierno por gas, calefacción y electricidad para los salones de su guardería.

GANANCIA NETA

Se suman los gastos mensuales de Celia entre enero y marzo. Estas cantidades se restan de la ganancia neta mensual para obtener **la ganancia neta** mensual.

Porcentaje de la ganancia neta El porcentaje de la ganancia neta indica el porcentaje de los ingresos de Celia que queda después de cubrir todos los gastos. Para calcularlo, se divide la ganancia neta entre los ingresos totales y se multiplica por 100.

MÁS Y MENOS

En la parte inferior de la hoja de cálculo se observa una sección encabezada *MÁS* y una encabezada *MENOS*. En esta parte se anotan las entradas y salidas de efectivo de Celia. Supongamos que los pagos de todos los padres se reciben a más tardar el día 10 de cada mes.

Efectivo inicial Celia inicia en enero con un balance **inicial de efectivo** de $0. Cada mes, el efectivo inicial se lleva del balance **final del efectivo** del mes anterior.

MÁS

Al efectivo inicial de cada mes, Celia suma los ingresos de la guardería después de gastos y cualquier ingreso adicional que reciba.

Ganancia neta Es la cantidad de los ingresos que queda después de que Celia pague todos sus gastos.

Partida del préstamo Celia recibe el monto total de su préstamo, $2,000, en una sola exhibición en enero.

Ganancia neta: El ingreso total menos los costos directos y los costos de operación. También se llama *margen de utilidad neta.*

Porcentaje de ganancia neta: Ganancia neta dividida entre los ingresos totales y multiplicado por 100. El porcentaje de los ingresos totales que quedan después de todos los gastos.

Efectivo inicial: Efectivo total en la cuenta corrente, ahorros y fondo para gastos menores al comienzo de cualquier periodo contable.

Efectivo final: Efectivo total en la cuenta corriente, ahorros y fondo de gastos menores al final de cualquier periodo contable.

Partida del préstamo: Suma que desembolsa el prestamista para el prestador

Inyección de patrimonio: Valor de bienes o dinero aportados por el propietario al negocio.

Servicio de la deuda: Dinero destinado a pagar la deuda, incluyendo capital e intereses.

Gastos de capital: Suma gastada en cualquier bien o mejora dedicada al negocio para más de un año.

Gastos en equipo grande: Fondos invertidos en la compra de equipo con valor de $100 o más y destinados al negocio para más de un año. En general, estros bienes se deprecian.

Porcentaje de tiempo y espacio. Fórmula que determina qué parte de una casa se destina a fines comerciales y cuál es el valor económico de ese fin. Sirve para calcular el porcentaje de gastos domésticos de un proveedor casero de servicios de guardería que puede deducirse como gastos empresariales para propósitos de impuestos.

Retiro del dueño: Dinero tomado de las utilidades de un negocio para uso personal del propietario.

Superávit: Cantidad que sobrepasa cierta cifra.

Déficit: Falta de fondos. La cuenta corriente tiene un déficit cuando el saldo es en contra o en "números rojos".

Inyección de patrimonio Este término, **inyección de patrimonio,** describe el valor de los bienes o el dinero aportados por el propietario al negocio. Celia no planea agregar este invierno nada de sus ahorros personales al negocio.

Subsidios Este año, Celia no solicitó subsidios.

Donaciones Celia no buscará donaciones este año.

Otros Celia no anticipa otros ingresos este año.

MENOS

Después de sumar la columna MÁS, Celia resta de los siguientes gastos aquellos que conciernen a su negocio.

Servicio de la deuda (capital e interés) Celia pagará su préstamo en mensualidades de $300 a partir de febrero.

Gastos de capital Se trata del costo de $1,500 de la nueva cerca.

Gastos en equipo grande Se trata el costo de $500 de los muebles grandes de la guardería.

Impuesto sobre la renta Celia está segura de que si lleva un buen registro de los gastos de su negocio, incluyendo el **porcentaje tiempo** y espacio de gastos domésticos que su contador le ayudó a calcular, tendrá suficientes deducciones para no deber impuestos sobre la renta este año.

Retiro del dueño El **retiro del dueño** es el monto de las utilidades que el dueño del negocio toma para su uso personal. Celia no proyectó retirar nada por ahora, aunque espera presupuestar un retiro mensual el año próximo.

SUPERÁVIT O DÉFICIT

Celia resta el subtotal del MENOS del subtotal del MÁS de cada mes. El resultado indica si ganó o perdió dinero, según si tiene un **superávit** o un **déficit**.

EFECTIVO FINAL

Celia suma el superávit o déficit final al balance inicial del efectivo para calcular cuánto dinero tiene en el banco al final de cada mes.

Responda estas preguntas que se hace Celia:

- ✔ ¿Cuánto efectivo le queda al negocio al final de cada mes?

- ✔ ¿Habrá al final del tercer mes suficiente efectivo para comprar los materiales para construir los juegos en el patio?

- ✔ Suponiendo que los costos no cambian de enero a marzo, ¿debe Celia pensar en comprar el equipo para el patio a finales de marzo? ¿Por qué?

- ✔ ¿Qué podría ocurrir que modificara la proyección de flujo de efectivo de Celia?

- ✔ Si Celia decide que no puede comprar el equipo para el patio a finales de marzo, ¿qué puede modificar entre enero y marzo para hacer posible la compra? En definitiva, Celia no quiere volver al banco por otro préstamo.

- ✔ ¿Olvidó Celia algo en este plan de flujo de efectivo?

BOCETO DE UN ESTADO ANUAL DE INGRESOS

Al final del año, uno quiere saber cuánto dinero generó el negocio. Para ello, las empresas toman la información mensual de sus libros mayores y la vacían en un **balance de ingresos.** Tomemos un ejemplo del negocio de Samaya Yafai, la Guardería doméstica Arco Iris. La clave siguiente explica los términos con los que se evaluarán los ingresos finales del año. Las definiciones también aparecen en el glosario.

Estado de cuenta: Documento que muestra el origen y las sumas de los ingresos, los costos y gastos de proveer un servicio y la suma de las ganancias (o pérdidas) resultantes durante un periodo especifico. También se conoce como *estado de pérdidas y ganancias.*

Guardería Arco iris

Samaya Yafai, propietaria

Estado de cuentas

del periodo del <u>1° de enero</u> del 2XXX al <u>31 de diciembre</u> del 2XXX

Ingresos de la guardería (matrícula, programa alimenticio de la USDA, intereses) **$27,840**

Menos costos directos (incluye salario del proveedor) . . . . **-18,000**

Ganancia bruta **9,840**

Menos costos de operación . . . . **-5,880**

Ganancia bruta **$3,960**

Menos gastos de capital . . . . **-0**

Menos pago de intereses . . . . **-600**

Menos depreciación . . . . **-300**

Ingresos antes de impuestos **$3,060**

menos pago de impuesto sobre la renta . . . . **-505**

Ingreso neto **$2,555**

Clave del estado de ingresos de la Guardería Arco iris

Consulte la clave siguiente para entender cómo llenó Samaya Yafai su estado de cuentas.

INGRESOS DE LA GUARDERÍA

El ingreso total de Samaya en el año

COSTOS DIRECTOS

Son los costos que dependen de cuántos niños se atienden (por ejemplo, los alimentos y el sueldo del proveedor).

GANANCIA BRUTA

Ingresos menos costos directos es igual a la ganancia bruta

COSTOS DE OPERACIÓN

Se trata de los gastos fijos incurridos, independientemente de cuántos niños se atiende (por ejemplo, teléfono y servicios).

GANANCIA NETA

Ingresos menos costos directos y costos de operación es igual a la ganancia neta.

PAGO DE INTERESES

El pago del préstamo de Samaya a la Montana Community Development Corporation comprende intereses de $50 mensuales.

Pago de intereses: Intereses pagados por el préstamo comercial o cualquier otro rubro pagadero.

DEPRECIACIÓN

La devaluación de la propiedad y el equipo de Samaya, llamada **depreciación,** se calcula de una tabla que le preparó su contador.

Depreciación: Reducción anual del valor de terreno, construcción, equipo o muebles de acuerdo con el calendario del IRS.

GANANCIAS ANTES DE IMPUESTOS

Ganancia neta menos pago de intereses y depreciación es igual a ganancias antes de impuestos.

PAGO DEL IMPUESTO SOBRE LA RENTA

En este caso, el **pago del impuesto sobre la renta** es de 15 por ciento de las ganancias de Samaya antes de impuestos, según calculó su contador.

Pago del impuesto sobre la renta: Impuestos anuales o trimestrales federales, estatales y locales.

INGRESOS NETOS

Ingresos netos Ingresos totales que quedan luego de pagar todos los gastos.

Las ganancias antes de impuestos menos el pago del impuesto sobre la renta es igual a los **ingresos netos,** o sea los ingresos totales que quedan después de cubrir todos los gastos.

Responda estas preguntas que se plantea Samaya:

- ✔ Sin contar el salario de Samaya, ¿obtuvo alguna ganancia este año? ¿A cuánto ascendió?

- ✔ ¿Qué porcentaje de los ingresos totales es el ingreso neto de Samaya?

- ✔ Samaya no esperaba que su negocio arrojara utilidades este año. Cite algunas formas en que podría utilizar este dinero para fortalecer su negocio.

LLENAR UNA FORMA DE BALANCE (ESTADO DE ACTIVOS Y PASIVOS)

Forma de balance: Documento que muestra los *activos del negocio* (lo que el negocio posee) y *los pasivos* (lo que debe) en determinada fecha. También se muestra la *parte del propietario* (la inversión personal del dueño más las utilidades).

Llene una **forma de balance** por lo menos una vez al año para mostrar el valor de la propiedad y lo que debe su negocio. El balance provee una muestra instantánea del negocio en cualquier momento. Al comparar varios balances durante cierto periodo, el propietario puede verificar el aumento de valor de su negocio. Por ejemplo, veamos la forma de balance de Samaya Yafai preparada al terminar 1999.

Guardería Arco iris—Samaya Yafai, proveedora

Forma de balance

Estado de activos y pasivos al **31 de diciembre** del 2XXX

ACTTIVOS	PASIVOS
Activos actuales	**Pasivos actuales**
Efectivo $1,200	Cuentas por pagar . . . .$ 25
Cuentas por cobrar 240	Impuesto sobre la renta 505
Inventario 300	Préstamo a corto plazo 0
Gastos prepagados 360	Parte actual, largo plazo 190
Total de activos actuales $2,100	Total de pasivos actuales . . . .$ 720
Activos fijos	**Pasivos a largo plazo**
Terreno, construcción, equipo y mobiliario $2,000	Préstamo a largo plazo . . . .$ 760
Menos depreciación . . . .−300	Otros 0
Activos fijos totales $1,700	Pasivos a largo plazo totales . . . . .$ 760
Activos disponibles totales .$2,100	**Pasivos exigibles totales** . . . . . .$ 720
<u>**Activos fijos totales**</u> . . . .+1,700	<u>**Pasivos a largo plazo totales**</u> . . .+760
ACTIVOS TOTALES $3,800	**PASIVOS TOTALES** $1,480
	PARTE DEL PROPIETARIO . .+$2,320
ACTIVOS TOTALES $3,800	PASIVOS TOTALES + PARTE DEL PROPIETARIO $3,800

"Los pasivos totales más la parte del propietario es igual (o <u>equilibra</u>) los activos totales. ¿Lo capta?"

Clave para la forma de balance de la Guardería Arco iris

Consulte la clave siguiente para entender cómo preparó Samaya Yafai su forma de balance.

ACTUALES DISPONIBLES

Efectivo Al 31 de diciembre, fin de su año fiscal, Samaya tiene $1,200 en el banco.

Cuentas por cobrar Un padre debe a Samaya $240, de modo que ella tiene una **cuenta por cobrar** de esa suma.

Inventario Samaya tiene $300 en suministros de arte y manualidades, que representan su **inventario**.

Gastos prepagados Samaya pagó con antelación el seguro de responsabilidad civil de su negocio para el 2000.

Total de activos actuales Samaya suma los cuatro puntos anteriores.

ACTIVOS FIJOS

Terreno, construcción, equipo y mobiliario Samaya no posee terrenos ni construcciones, pero tiene equipo y mobiliario de guardería con un valor de $2,000.

Depreciación Se trata del valor menor de la propiedad y el equipo de Samaya, de acuerdo con el **calendario de depreciación** que le proporcionó su contador.

Totales de activos fijos Valor del terreno, construcción, equipo y mobiliario menos depreciación es igual a los totales de activos fijos.

TOTAL DE ACTIVOS FIJOS

Los totales de activos disponibles mas el total de los activos fijos es igual al total de los activos.

PASIVOS EXIGIBLES

Cuentas por pagar Samaya debe a la imprenta $25 por sus nuevas tarjetas de presentación; éste es el total de sus **cuentas por pagar**.

Pago de impuesto Samaya proyecta que deberá 15 por ciento de las ganancias antes de impuestos.

Cuentas por cobrar: Dinero que se debe al negocio.

Inventario: Valor en dinero de los suministros y materiales perecederos que se tienen.

Calendario de depreciación Tabla en que se muestra el monto anual y el número de años en que se deprecia un activo.

Cuentas por pagar Facturas que se deben.

Préstamo pagadero a corto plazo Samaya no tiene un préstamo a corto plazo.

Parte exigible del préstamo a largo plazo Samaya pagará $190 este año por concepto del préstamo de su negocio.

Pasivos exigibles totales Samaya suma los cuatro puntos anteriores como sus **pasivos** exigibles totales.

PASIVOS A LARGO PLAZO

Pago del préstamo a largo plazo Después de este año, Samaya debe todavía $760 de su préstamo.

Otros Esta categoría incluye pago de hipoteca, préstamo automotriz o cualquier gasto incurrido en un periodo mayor de un año.

PASIVOS TOTALES

Los totáles de pasivos exigibles mas los pasivos a largo plazo es igual al total de pasivos.

PARTE DEL PROPIETARIO

El total de activos menos el total de pasivos es igual al valor neto del negocio de Samaya al 31 de diciembre del 2XXX. Es el **valor** de la parte que ella tiene en su negocio.

SOFTWARE DE HOJA DE CÁLCULO

Aplique un programa de software de computadora para crear hojas de cálculo sencillas en las que calcule sus sumas, restas y porcentajes. Entre estos programas se encuentran Lotus 1-2-3, Quattro Pro y Excel.

También puede comprar un disquete preprogramado diseñado como acompañante de este currículo y que incluye instrucciones y hojas de cálculo para análisis de puntos de equilibrio, plan de flujo de efectivo, estado de cuentas y hoja de cálculo. Pídalo a la Montana Child Care Resource & Referral Network con la forma que se encuentra al final del libro.

Pasivos: Valor de todo lo que debe el negocio, incluyendo cuentas por pagar, impuestos sobre la renta y pagos de préstamos. Un *pasivo exigible* es una deuda que será pagada en el año en curso; un *pasivo a largo plazo* es una deuda que se extenderá después del año en curso.

Valor para el propietario: Parte del valor total del negocio que es igual a la inversión del propietario más las utilidades.

"Ahora me doy cuenta de que el valor de mi negocio crece cada año. Cuando esté listo para retirarme, podré vender mi negocio. Mientras tanto, sé que tengo mis gastos cubiertos y hasta ahorro para unas vacaciones en el Caribe."

"Ahora por fin comienza a entender el valor verdadero de su guardería."

Rentabilidad Capacidad de un negocio de generar una utilidad, quedar en punto de equilibrio o perder utilidades.

Deberes para hacer en casa

✔ Con la ficha de flujo de efectivo al final del capítulo, complete un plan de flujo de efectivo para su negocio en el que proyecte los ingresos y los gastos para los próximos 6 a 12 meses.

✔ Describa en un párrafo breve su ingreso en los próximos 12 meses. ¿Tendrá su negocio un flujo de efectivo adecuado para cubrir todos los gastos y cumplir con sus objetivos de utilidades?

✔ Con la ficha de estado de cuentas al final del capítulo, prepare un estado anual de cuentas de su negocio (si en este momento no tiene registros financieros completos, hágalo al final del año).

✔ Con la ficha de la forma de balance al final del capítulo, elabore una forma de balance de su negocio (si en este momento no tiene registros financieros completos, hágalo al final del año).

✔ Describa en un párrafo breve la **rentabilidad** de su negocio: ¿Es rentable, está en punto de equilibrio o pierde dinero? ¿Por qué está en tal posición?

Proyección del flujo de efectivo de la guardería

Nombre de la empresa:

Año:

Mes:	Ene	Feb	Mar	Abr	Mayo	Junio	Julio	Agto	Sep	Oct	Nov	Dec	Total
Lugares ocupados:													
Ingresos													
Matrícula													
USDA													
Otros													
TOTAL													
Costos directos													
Sueldos/ Impuestos de empleo													
Reemplazo													
Alimentos													
Otros													
TOTAL													
% de costos directos													
BENEFICIO BRUTO													
% de beneficio bruto													
Costos de operación													
Publicidad													
Tarifas bancarias													
Suministros de la guardería													
Vencimientos/ Suscripciones													
Seguro													
Mantenimiento/ Arreglos													
Millaje													
Misceláneos													
Papelería													
Impuesto sobre la nómina													
Correo													
Imprenta													

Proyección del flujo de efectivo de la guardería (continuación)

Nombre de la empresa:
Año:

Mes:	Ene	Feb	Mar	Abr	Mayo	Junio	Julio	Agto	Sep	Oct	Nov	Dec	Total
Servicios profesionales													
Renta													
Impuestos/Licencias													
Teléfono													
Viajes													
Capacitación													
Servicios													
Sueldos/ Administración													
TOTAL													
GANANCIA NETA													
% de ganancia neta													
Efectivo inicial													
MÁS:													
Ganancia neta													
Partida del préstamo													
Inyección de recursos													
Subsidios recibidos													
Donaciones													
Otros													
SUBTOTAL													
MENOS:													
Servicio de la deuda (C + I)													
Gastos de capital													
Equipo grande													
Impuesto sobre la renta													
Retiro del dueño													
SUBTOTAL													
Superávit (déficit)													
Efectivo final													

Estado de cuentas

Nombre del programa:

Periodo del _____ , del 20 ___ al ___ , del 20 ___

Ingresos de la guardería . . . .$ _____

Menos costos directos . . . .− _____

Igual a ganancia bruta . . . .= _____

Ganancia bruta . . . .$ _____

Menos costos de operación . . . .− _____

Igual a ganancia bruta . . . .= _____

Ganancia Bruta . . . .$ _____

Menos gastos de capital . . . .− _____

Menos pago de intereses . . . .− _____

Menos depreciación . . . .− _____

Igual a ingresos antes de impuestos . . . .= _____

Ingresos antes de impuestos . . . .$ _____

Menos pago de impuesto sobre la renta . . . .− _____

Igual a ingresos netos . . . .= _____

Forma de balance

Estado de activos y pasivos al _____, del 20 _____

Nombre del programa:

ACTIVOS	PASIVOS

ACTIVOS

Activos disponibles

Efectivo . . . .$ _____

Cuentas por cobrar . . . .+ _____

Inventario . . . .+ _____

Gastos prepagados . . . .+ _____

Total de activos . . . . . .$ _____
actuales

Activos fijos

Terreno, construcción,
equipo y mobiliario . . . .$ _____

Menos depreciación . . . − _____

Total de activos fijos . . .$ _____

Total de activos . . . . .$ _____
disponibles

Total de activos fijos .+ _____

TOTAL DE ACTIVOS .$ _____

TOTAL DE ACTIVOS . . .$ _____ =

PASIVOS

Pasivos exigibles

Cuentas por pagar . . . .$ _____

Impuesto sobre la renta . . . .+ _____

Préstamo a corto plazo . . . .+ _____

Parte actual, largo plazo . . . . . .+ _____

Total de pasivos actuales . . . . .$ _____

Pasivos a largo plazo

Préstamo a largo plazo . . . .$ _____

Otros . . . .+ _____

Total de pasivos a largo plazo . .$ _____

Total de pasivos actuales . . .$ _____

**Total de pasivos
a largo plazo** . . . .+ _____

TOTAL DE PASIVOS . . . .$ _____

RETIRO DEL DUEÑO . . . . . .$ _____

TOTAL DE PASIVOS+
RETIRO DEL DUEÑO . . . .$ _____

CAPÍTULO

9

LECCiÓN DE COMUNiCACiÓN

Compartiendo información desagradable con los padres

Eventual e inevitablemente, el propietario de una empresa tendrá que informar a alguien algo que no quiera escuchar. Esto puede pasar cuando un proveedor rechaza a un posible cliente, presenta una preocupación respecto a la salud o seguridad del niño fuera del ambiente del cuidado infantil o cuando cambia sus normas en referencia a los pagos.

En ese momento el proveedor encontrará útil recordar sus derechos como profesional, evitar la tendencia de reaccionar con culpabilidad, y admitir que no es agradable dar malas noticias. Repase esta lista para tener en cuenta las características de la comunicación asertiva:

> **Nota!**
>
> Aprenda a compartir información desagradable con los padres de manera respetuosa y compasiva.

LiSTA DE CHEQUEO DE CARÁCTER ASERTiVO PARA COMPARTiR iNFORMACiÓN DESAGRADABLE

Tenga estas características en cuenta.

✔ No busco un ganador o un perdedor en este asunto.

✔ Respeto los derechos, las opiniones y los sentimientos de otros.

✔ Elijo un momento adecuado para esta discusión, para dar a la persona que me escucha la oportunidad de pedir una aclaración y comparta sus opiniones y sentimientos conmigo.

✔ Fomento la negociación y la transigencia para encontrar una solución.

✔ Trato de buscar de forma creativa una solución aceptable para ambas partes.

✔ Expreso claramente los límites de mi flexibilidad.

✔ Escucho atentamente los límites de la flexibilidad de la otra parte.

Habrá momentos en que deberá enfrentarse con el comportamiento específico de un padre que le está ocasionando problemas a su empresa. Para mantener buenas relaciones entre un proveedor y un padre, es imperativo que esta información se dé de forma constructiva y compasiva. Utilice la siguiente fórmula para practicar lo que quiere decir antes de hacer una crítica constructiva. Tenga en cuenta la palabra clave C-E-A-D.

"C" por Comportamiento

La persona que habla describe el *comportamiento* especifico que es la causa del problema. El comportamiento es descrito desde un punto de vista objetivo y racional. En otras palabras, la emoción no se revela en este punto.

"E" por Emoción

Ahora viene el momento de compartir sus *emociones.* En tono de voz calmado, la persona que habla expresa los sentimientos que este comportamiento produce. Las emociones no son pensamientos, son sentimientos—por lo tanto se utilizan palabras que expresan emociones, por ejemplo: preocupado, lastimado, no apreciado, frustrado, temeroso.

La cólera es un sentimiento, pero usualmente bajo la cólera hay sentimientos que la acompañan. Cuando se expresa cólera, es beneficioso el identificar y compartir la raíz de este sentimiento.

"A" por Alternativa

La persona que habla sugiere varias *alternativas* que serían aceptables para ella y enfatiza claramente cual de estas le convendrá más. Ofrece una gama de alternativas, si es posible. Pide sugerencias a la otra parte. Este paso demuestra la disposición de la persona que habla para encontrar una solución que beneficie ambas partes y de transigir si le es posible.

"D" por Decisión

La persona que habla anuncia su *decisión,* su elección entre las alternativas. Ésta puede ser una transigencia o una consecuencia. Ella establece su posición final y expresa el resultado positivo que cree que este cambio producirá.

Dramatización

Una madre del Preescolar Sunrise ha sido constantemente irresponsable en pagar las cuentas del cuidado infantil de su niño. El sistema que utiliza la propietaria del preescolar, Lynn Lee, es pago mensual el día primero del mes. La propietaria cree que este sistema conviene tanto al cliente como al proveedor. Sin embargo, durante 4 de los pasados 6 meses, Lynn ha tenido que pedir a la Señora Banks que pague. Las normas del Preescolar Sunrise incluyen un cargo por pago tardío pero Lynn nunca lo ha cobrado. A veces, otros padres pagaron tarde, pero nunca ha pagado nadie tarde de forma tan consistente como la Señora Banks.

Póngase en la posición de Lynn, lea y piense en la forma de darle a la Señora Banks la critica constructiva que demanda la situación. Usando el siguiente bosquejo, escriba sus ideas siguiendo la formula C-E-A-D y de su respuesta acertada.

"C" es por Comportamiento

_____

"E" es por Emoción

_____

"A" es por Alternativa

_____

"D" es por Decisión

_____

"Trato de vivir dentro de 'la regla de las 24 horas.' Si algo me molesta por más de 24 horas, entonces necesito discutirlo con el padre tan pronto como sea posible. Dejar que el problema siga sólo empeora la situación."

"Estas habilidades le ayudarán a usted a comunicarse mas claramente con los padres acerca de las practicas de su negocio. Pero hay mucho mas para aprender acerca de las relaciones proveedor/padre! Repase en el Apéndice C."

10

Estrategias de Mercadeo

El propietario de una empresa debe mantener un ingreso estable. Las empresas más rentables de servicios de cuidado infantil prestan atención a la forma en que venden sus servicios para mantener sus espacios tan completos como sea posible, tan a menudo como sea posible. Todos sabemos mucho sobre marketing. Lo vemos todos los días en las propagandas de la televisión, de la radio y en los anuncios publicitarios de diarios y revistas. Pero el comercializmo también incluye actividades de menor escala para llegar al cliente que las empresas utilizan día a día: logotipos, tarjetas de presentación, inclusión en la agenda telefónica, anuncios en el boletín de la iglesia, mensajes en el contestador del teléfono, referencias de persona a persona y matrícula de autos personalizadas. Las Mejores Prácticas listadas a continuación hacen que una empresa de cuidado infantil se mantenga a la vista del público.

> **Nota!**
>
> investigue su propio mercado, identifique las características especiales de su empresa, seleccione a sus mejores clientes y hágales saber su mensaje. Y recuerde—su mensaje informa de que manera su servicio satisface las necesidades de sus clientes.

4 PASOS PARA UN PLAN DE MERCADEO

Siga estos pasos para desarrollar un plan de mercadeo:

1. Defina su servicio
2. Defina su mercado
3. Desarrolle estrategias específicas para alcanzar su mercado
4. ¡Hágalo!

Estrategia de mercadeo: Un plan específico para atraer clientes a la empresa.

INVESTIGUE LA INDUSTRIA DEL CUIDADO INFANTIL—NACIONAL Y LOCAL

Enterese de lo que está ocurriendo en la industria de cuidado infantil hoy en día, en el país y en su ciudad. Para entender cuáles son las tendencias actuales, hágase estas preguntas: ¿Hay en su comunidad servicios de cuidado infantil para cada familia que lo necesita? ¿Qué tipos de cuidados que los padres buscan en su comunidad son difíciles de encontrar? ¿Cuáles son los días y horas que los padres buscan en su comunidad más difíciles de encontrar? ¿Hay ciertos tipos de empleos que hacen difícil los arreglos de cuidado infantil en su comunidad? ¿Hay ciertos tipos de cuidados por los que los padres pagan mayor o menor cantidad en su comunidad?

✎ _____

✎ _____

Ejemplo

El centro más grande que servía el barrio de West Valley acaba de cerrar, reduciendo el número de servicios de cuidado infantil disponibles en esa parte de la ciudad. La Agencia de Recursos informativos y Referencias del Cuidado infantil (CCR&R) informa que la demanda de cuidados de bebés es mayor que la oferta, 2 a 1. Los padres pagan más por el cuidado de tiempo parcial. Los pagos mensuales por adelantado se están volviendo populares en el comercio del cuidado infantil en residencias de familia. Durante septiembre y enero, las épocas cumbre del año para cambios en el cuidado infantil, los padres están forzados a hacer arreglos informales.

ENTÉRESE DEL TAMAÑO DE SU MERCADO

Identifique el área geográfica de donde vienen su clientela. ¿Cuál es el área geográfica que espera usted abarcar? ¿Cuáles son las características demográficas de su comunidad?

✎ _____

✎ _____

Los proveedores que necesitan más información sobre el mercado de cuidado infantil en su comunidad pueden preguntar en su agencia local de Recursos Informativos y Referencias del Cuidado Infantil, en el sistema educativo del barrio, en el programa *Head Start,* o en la asociación de proveedores de cuidado infantil.

ANALICE LA COMPETENCIA

Conozca la competencia, y marque los nichos de mercado que cubre. Competidores son negocios o individuos que proveen un servicio similar. Hay dos tipos de competidores: directos e Indirectos. Pregúntese usted mismo: ¿Quiénes son sus competidores directos? ¿Qué segmentos del mercado cubren? Nombre y describa las empresas más exitosas. Nombre y describa las empresas menos exitosas.

Competidores: Un negocio o individuo que provee un servicio similar. Hay dos tipos: Directos e Indirectos. Los Competidores directos de cuidado infantil residencial son otro que tambien tengan cuidado infantil residencial. Los competidores indirectos de cuidado infantil residencial son los otros tipos de cuidado infantil (centros, preescuelas y miembros de familia).

DESCRIBA SUS SERVICIOS DE CUIDADO INFANTIL

"¿Porqué no tener a mano unos cuantos de estos folletos con esta descripción para entregar a los padres el día de la entrevista inicial?"

Identifique las características principales de su empresa que benefician a sus clientes. Liste a continuación los beneficios que sus servicios ofrecen al cliente. (por ejemplo: Cuidados con horario de medio tiempo, cercania a escuelas, distritos de negocios, hospitales o barrios rurales; transporte de kindergarten, curriculums de arte y música; participación en programas de asistencia económica para cuidado infantil; certificaciones profesionales).

Escriba en 1 ó 2 líneas una descripción de su empresa realzando las características principales.

_____

Ejemplo

La Guardería en Residencia de Familia de Manuela ofrece horarios flexibles para el cuidado durante la semana. Cuidamos bebés y niños que comienzan a caminar en un ambiente familiar y hogareño. Manuela ha obtenido su título de Asistente en Estudios de desarrollo infantil, tiene 10 años de experiencia cuidando niños pequeños y participa en el programa de Alimentación para el Bienestar de Niños y Adultos."

IDENTIFIQUE SU VENTAJA COMPETITIVA

"Siempre mencione estos puntos cuando responda a las preguntas telefónicas de padres y en las entrevistas iniciales."

Defina las caracteristicas que hacen que su negocio sobresalga sobre los demás. Enumere cualidades competitivas de su negocio. Por ejemplo: ¿Usted ofrece una proporción alta de adulto-niño?, ¿ son sus instalaciones y areas de juego atractivas?, ¿ horario conveniente y localización? ¿ alto valor a precios razonables? ¿ ambiente hogareño?, cuidado de hermanos y horarios fuera de lo común?.

_____

Ejemplo

El Centro Care Bear ofrece conveniencia a los padres por medio de flexibilidad en las horas de cuidado y con un sistéma cómodo de pagos mensuales fáciles. El desarrollo social y mental de los niños está apoyado por un curriculum que pone énfasis en el placer de la lectura y en juegos sin violencia y de cooperación. La participación en el programa de Alimentación para el Bienestar de Niños y Adultos del departamento Federal de Agricultura (USDA) mantiene bajos los costos de la alimentación y garantiza visitas, 3 veces al año, de especialistas en desarrollo infantil para controlar el centro.

iDENTiFiQUE SUS CLiENTES

Realice un **perfil de cliente**. Y describa estos clientes. Liste las características que sus clientes tienen en común. Son padres/madres solteros, con duble carrera, estudiantes? Trabajan tiempo completo, medio tiempo, fines de semana, noches? Son padres de infantes, niños en edad escolar, o pre-escolar? Donde viven y trabajan? Qué hacen para divertirse? Haga una descripción de sus clientes en 1 ó 2 líneas.

Perfil del cliente: Una descripción de un cliente típico. Las categorías descriptivas generalmente son: edad, nivel de educación, nivel económico, profesión, area geográfica, estilo de vida e intereses personales.

✎ ....

> ### Ejemplo
> Los clientes del Preescolar internacional residen en el área de Rocky River; tienen título secundario y/o son alumnos de la universidad. Les gustan las actividades al aire libre; representan grupos religiosos de varios tipos; valoran mucho el leer a sus niños y tratan de evitar el juego violento.

iDENTiFiQUE SU MERCADO OBJETiVO

Haga un perfil del cliente preferido. ¿A quién quisiera como cliente? Describa a las familias que quiere servir. ¿Preguntese quién necesita las caracteristicas que presta mi centro? ¿Quién vive o trabaja cerca de mi centro? ¿Cómo podría yo contratar a estos clientes?

✎ ....

✎ ....

✎ ....

> ### Ejemplo
> Mi objetivo de mercado incluye familias que viven en Grant Creek o en East City; cuyos trabajos están ubicados cerca de casa o en el centro de la ciudad; cuyos niños van desde la edad de los bebés hasta niños preescolares y quienes trabajan en turnos de medio tiempo o tienen horarios flexibles.

HAGA PUBLiCiDAD AHORA MiSMO

No espere hasta que tenga vacantes para comenzar la publicidad. Con actividades continuas de publicidad, un proveedor minimiza la posibilidad de largos períodos de vacantes en su empresa. Un plan de publicidad no tiene que ser ni elaborado ni costoso. No olvide incluir los costos de publicidad dentro de su presupuesto anual.

"Si no tiene dinero para publicidad, no puede permitirse el estar en el negocio."

Liste planes específicos que hara para promociónar su empresa, mes por mes, en el transcurso del año o *calendario de publicidad.*

Calendario de Publicidad

agosto

✔ Inscribase en la lista de recomendaciones de la CCR&R.

septiembre

✔ Desarrollar logotipo, tarjeta de presentación y folleto de publicidad (poner énfasis en los horarios flexibles, sistema de facturación mensual, antecedentes profesionales, experiencia en el trabajo con niños pequeños, ambiente familiar y hogareño, atención de niños personalizada, participación en el Programa de Alimentación del Departamento Federal de Agricultura (*USDA*).

✔ Grabar mensaje en el contestador de teléfono que suene profesional.

✔ Enseñar a la familia cómo contestar el teléfono y tomar mensajes de forma educada y profesional.

octubre

✔ Buscar letreros magnéticos de la empresa para las puertas del auto.

✔ Solicitar permiso para colgar folletos en la salas de espera del Hospital de la Comunidad, Centro Quirúrgico de Pacientes Externos, la Fábrica *Sunrise,* Librería *Barnes & Noble, Target,* y el Casino/Restaurante *Fuddruckers.*

noviembre

✔ Hacer el letrero de la empresa para la valla de delante.

✔ Colocar la zona de juegos de los niños en el área cercada del frente.

Calendario de publicidad

diciembre

✔ Solicitar permiso para colgar tarjetas de presentación en la pared exterior del *Global Expresso Stand,* en la esquina de mi casa. A cambio, comprar trimestralmente por adelantado un Café Gratuito del Lunes (*Monday Morning Mocha*) para mis clientes (los padres pueden parar a tomar un café gratis en el camino al trabajo).

febrero

✔ Llamar a la Asociación de Cuidado Infantil Uptown para planificar un Día de Actividad del Jornal Meritorio (*Worthy Wage Day Activity*).

abril

✔ Adherir la tarjeta de presentación al folleto de la Semana de los Pequeños (*Week of the Young Child*), colgar tarjetas en el *Mini-Mall* y la Lavandería.

mayo

✔ Escribir una carta al redactor con referencia a: Día de Actividad del Jornal Meritorio.

Planee para las vacantes próximas

✔ Avisar al servicio de referencia CCR&R antes de tener vacantes.

✔ Poner un aviso clasificado en el diario *Sunday Daily Courier.*

✔ Colgar folletos en la Lavandería del barrio y en la tienda *Easy Convenience Market.*

Actividades en marcha

✔ Fomentar a los padres que comenten entre sus amigos sobre las vacantes ofrecer 1 día de cuidado gratis al padre cuyas referencia traiga un nuevo cliente.

✔ Utilizar la tarjeta de presentación siempre—mantener provistos a los padres de tarjetas para repartir en el trabajo.

Asegúrese que un posible cliente se lleva buena impresión cuando se para en frente de su centro o cuando entra a su empresa. Párese al otro lado de la calle de su empresa. Después lea la lista de chequeo.

✔ ¿Se ve su centro invitador y atractivo, profesional y seguro?

✔ ¿Está el jardín limpio, con macizos de flores, o una simple arquitectura paisajista?

✔ ¿Es el equipo de juegos seguro, limpio, atractivo y apropiado para la edad de los niños?

✔ ¿Está su perro en un lugar cercado, fuera de la zona de juego de los niños?

✔ ¿Están el nombre de la empresa y el logotipo exhibidos en un letrero atractivo en el césped, o en la ventana delantera?

Entre por la puerta hacia la zona donde se cuida a los niños y obsérvela como si usted fuera un padre que lo viera por primera vez.

✔ ¿Está la parte interior limpia, brillante y ordenada?

✔ ¿Está el interior preparado para niños o para adultos?

✔ ¿Hay objetos y actividades a la altura de los niños?

✔ ¿Es el espacio agradable?

✔ ¿Querría su hijo quedarse allí todo el día? O usted?

MUESTRE UNA IMAGEN PROFESIONAL

Seleccione un nombre de empresa y un logotipo que identifique su imagen profesional, que llegue al tipo de cliente que quiere tener y utilícelos en cada cosa que haga. Invente unos pocos nombres para su empresa de cuidado infantil que son compatibles con el mercado que sirve. Diseñe algunos logotipos imaginativos para su empresa o recorte de los diarios o guías telefónicas algunos que usted admire. Visualice su logotipo en tarjetas de presentación, membrete, aviso de propaganda en el teléfono y en su letrero exterior.

UTILICE TARJETAS DE PRESENTACIÓN

Lleve las tarjetas dondequiera que vaya. Reparta sus tarjetas cada vez que hable de su trabajo, su centro o sus clientes. Cuelgue sus tarjetas en lugares donde la gente tiene que sentarse por tiempo prolongado. Las tarjetas de presentación no son caras, son duraderas, inteligentes y atractivas. Liste personas a quienes les podría dar sus tarjetas de presentación. Liste lugares donde podría mostrar o exhibir su tarjeta de presentación.

"Las tarjetas de presentación son baratas—pagué menos de $20 por 500 de mis tarjetas. Ahora las pongo dentro de las bolsas de golosinas de Halloween cada año—haciendo que el gasto de las golosinas de Halloween sea un gasto comercial que deduzco de impuestos."

TENGA CUIDADO CON LOS FOLLETOS

Considere sus opciones cuidadosamente antes de imprimir el folleto de propaganda. Éste puede ser caro de desarrollar y puede no merecer la pena por el dinero que va a costar. Un enfoque económico es la publicidad por medio de computadora (desk-top publishing)—pregunte por nombres de gente que puede diseñar e imprimir su folleto en computadoras personales. Tenga en mente los siguientes aspectos si quiere un folleto de propaganda.

- ✔ Puesto que generalmente no tienen más de 20 segundos para conseguir la atención de una persona con los anuncios impresos, su mensaje debe ser breve y directo.
- ✔ Haga un esquema simple y directo.
- ✔ Repita su numero telefónico por lo menos tres veces en caracteres grandes.
- ✔ Si su ubicación es un punto especial que favorece a su empresa, agregue un pequeño mapa.
- ✔ Utilice papel suficientemente pesado para que se envíe por correo como propaganda.
- ✔ ¡El color es importante!
- ✔ Las fotos son caras.

UTILICE CUIDADOSAMENTE LA PUBLICIDAD PAGA

Planifique bien cuándo use la publicidad en el periódico y en la guía telefónica. ¿En qué días y en qué parte del periódico hay posibilidad que sus clientes lean la propaganda? Prepare un anuncio simple—Incluya la información que es mas importante para los padres (precio, localización, edades que sirve), y trate de llamar su atención.

Examine las Páginas Amarillas para ver qué empresas hacen publicidad allí. Recorte un anuncio publicitario de la guía telefónica que usted encuentre especialmente efectivo. La publicidad por radio y televisión es muy cara, y puede no ser efectiva para una empresa de cuidado infantil con una base pequeña de clientes.

RED PARA LA PUBLICIDAD DE PERSONA A PERSONA

¡Un cliente satisfecho es la mejor propaganda! Los padres se sienten mejor con las recomendaciones de amigos que con la propaganda que usted haga. Trate de conocer los propietarios de empresas locales, en especial las pequeñas. Esto le ayudará a promocionar su empresa más rápido que cualquier otro medio.

Forme parte de la Cámara de Comercio. La Cámara acepta agradablemente como nuevos miembros a las empresas pequeñas y puede tener programas de mentores u otro tipo de apoyo disponible para empresas de cuidado infantil.

Use su servicio local de referencia CCR&R para padres que necesitan cuidado para sus hijos. Agréguese a la lista de referencia y pida que su nombre se mencione cuando esté anticipando una vacante.

ENCUENTRE PUBLICIDAD GRATIS

Ponga su empresa a la vista del público. Asuma el papel, dentro de su comunidad, de un profesional en el servicio del cuidado infantil y un experto del desarrollo evolutivo infantil. Utilice la columna semanal de anuncios profesionales de periódicos para mantener el nombre de su empresa en las noticias. Los medios locales generalmente mencionan escasos o innovadores servicios de cuidado infantil en su comunidad. Diseñe un comunicado de prensa simple cuando usted esté expandiendo su negocio, ofreciendo un evento de cuidado infantil en su negocio, o participando en una importante actividad de desarrollo profesional.

Ejemplo

Mindy Meyer ha ampliado su empresa de cuidado infantil, Centro Sweet Dreams, para servir bebés y también niños preescolares. La señorita Meyer, quien recibió su título de Asistente en Desarrollo infantil durante la primavera, participa en el Programa de Alimentación para el Bienestar de Niños y Adultos y es actualmente tesorera de la Asociación de Cuidado infantil del Centro de la Ciudad. Diseñe su trabajo como voluntario para hacer propaganda de su empresa.

Reunión de la Liga de Padres y Maestros (PTA), Martes—25 de septiembre—7 de la tarde, invitado especial: Laura Youngblood, propietaria del Centro Kids's Club, Tema: "Encontrar cuidado infantil de calidad para su niño en edad escolar." Prepare un simple comunicado de prensa para su periódico local cuando va a tener algún evento importante en su centro.

Las ceremonias de graduación del Centro Toon Town tendrá lugar el sábado 12 de junio, a las 9 de la mañana. Nuestro invitado, el Capitán Kangaroo, se dirigirá a la clase de 7 alumnos que se prepara para comenzar la escuela de párvulos. Familias y amigos están invitados a asistir a la ceremonia y a acompañar a los alumnos en el show anual de talentos del centro Toon Town. Utilice los medios de comunicación locales para realzar la falta de centros de cuidado infantil o los servicios innovadores de cuidado infantil en su comunidad.

Diez proveedores de Northside se han unido a ¡Los Niños Primero! Red de Cuidados infantiles), ampliando las opciones locales de cuidado infantil para bebés y niños preescolares. La escasez de cuidado infantil ha desafiado a los padres que trabajan. La directora del Centro Comunitario de Cuidados, Margie Franklin, informa: "Los padres no pueden trabajar ni cumplir con los requisitos de la reforma del bienestar social cuando no hay cuidado infantil disponible." Trabaje con la agencia local de recursos informativos y referencias de cuidado infantil, la asociación del cuidado infantil, para levantar consciencia comunitaria sobre la profesión del cuidado infantil.

El 1 de mayo marca la cuarta Celebración del Día del Jornal Meritorio, patrocinado por la Asociación del Cuidado infantil de Middleburg. Una reunión popular al medio día en los jardines del Palacio de Justicia seguida de una feria de Empleadores Amigos de las Familias en la biblioteca pública.

"Estoy muy ilusionada con mi nuevo plan de publicidad. Lo mismo mis clientes—están listos y deseosos de ayudarme a divulgar buenas recomendaciones de mis servicios de cuidado infantil de alta calidad."

"Ánimo mujer"

Deberes para hacer en casa

✔ Escriba un párrafo pequeño donde describa su empresa. Incluya los servicios que ofrece, años de negocio, cualquier información que haga su empresa diferente con respecto a las otras.

✔ Escriba un párrafo pequeño describiendo su historial. ¿Qué es lo que le ha preparado a usted para operar un negocio con éxito? Incluya su experiencia, su formación cultural y capacitación, credenciales y afiliaciones con asociaciones profesionales.

✔ Escriba un párrafo pequeño donde describe su mercado geográfico. Discuta la demanda local por los servicios de cuidado infantil en el área donde su empresa está ubicada. ¿Cómo beneficia esta ubicación las necesidades de sus clientes?

✔ Escriba un párrafo pequeño donde describe un cliente "típico." ¿Quién compra sus servicios principalmente? Comente el tamaño y las características de su mercado. ¿Por qué usan sus clientes sus servicios de cuidado infantil?

✔ Escriba un párrafo pequeño donde describe otros servicios de cuidado infantil en su área. ¿Qué distingue sus servicios de los de la competencia?

✔ Describa cómo promociona su empresa.

Responsabilidades de un proveedor asertivo

Las relaciones padres/proveedor son importantes no sólo para la rentabilidad de la empresa de cuidado infantil, sino que son igualmente importantes para la salud y el bienestar de las familias. Los niños se benefician del cuidado infantil cuando el proveedor es un profesional bien capacitado, cuando el cuidado es estable y de larga duración y cuando los padres demuestran un alto grado de comodidad y confidencia en el proveedor.

> **Nota!**
>
> Un proveedor que entiende claramente las responsabilidades, así como los derechos, está bien preparado para establecer relaciones firmes con los padres.

Los padres quieren estar seguros que se satisfacen las necesidades de sus hijos con comprensión y amor y que la relación principal con su hijo nunca será arrebatada por otro proveedor. Sin embargo, los padres, al igual que los proveedores, a menudo no tienen claro el papel que desempeñan, sus derechos y sus responsabilidades. Entendimiento mutuo entre padres y proveedores prepara a ambas partes para participar en una relación más constructiva.

Es la responsabilidad profesional de un proveedor asertivo de cuidado infantil apoyar, no reemplazar, a los padres en la crianza de los hijos. Solamente un proveedor no profesional le quita autoridad a los padres criticandolos, o pensando que podría reemplazarlos educando sus hijos. Aquí listámos algunas de las preocupaciones o ansiedades que los padres podrian tener al dejar a sus hijos en cuidado infantil.

✔ ¿Mi proveedor quiere y trata a mi hijo al igual que los demás incluyendo al suyo propio?

✔ ¿Mi hijo tiene suficiente atención individual?

✔ ¿Me estoy perdiendo de momentos importantes y de significancia en la vida de mi hijo?

✔ ¿Estoy siendo una mala mamá cuando dejo a mi bebé con un extraño todos los dias mientras voy al trabajo?

✔ ¿Mi proveedor habla de mí y de mi familia cuando no estoy ahí?

"Doy una copia de esta lista a cada padre con el que trabajo."

Tormenta de ideas
Responsabilidades del Proveedor de Cuidado infantil/Dueño del Negocio

Póngase en el lugar de un padre. Liste algunas posibles preocupaciones o tipos de ansiedad que los padres podrían tener cuando dejan a su hijo en el cuidado infantil. Aquí hay unos ejemplos para empezar:

✔ Desarrolar una relación calida y amorosa con cada niño

✔ Mantener un ambiente del cuidado de niños limpio, sano, alegre y apropiado según la edad del niño

✔ Nunca usar castigos física o emocionalmente crueles con los niños cuando estén administrando guías de comportamiento hacia los niños.

✔ Incluir a los padres en las deciciones sobre los niños

✔ Reconocer y respetar las diferentes culturas, y religiones de los niños y sus familias

✔ Respetar la privacidad y confidencialidad de los padres

"El hecho es que los días de los padres son largos y agotadores y a menudo se sienten marginados de los momentos más importantes en la vida de sus hijos."

Las capacidades de comunicación que hemos repasado le ayodaran a comunicarse mas eficientemente con los padres en las areas de politicas y practicas del negocio. Pero este es solamente un pequeño aspecto en las relaciones padres/proveedor. Si usted no hadesarrollado una sociedad padre/proveedor como un componente critico en la filosofía y practica de su cuidado infantil, usted está perdiendo una de las mas vitales y efectivas estrategias para mejorar la calidad en su servicio de cuidado infantil. Revise el apéndice C para mas fuentes de información en este tópico.

CAPITULO

12

LECCIÓN DE NEGOCIOS

Su plan de negocios de la guardería

Ahora puede recopilar todas las tareas que ha realizado en un plan de negocios de la guardería. Un plan de negocios es un documento que describe su negocio, sus antecedentes, sus normas y prácticas, su campo en el mercado de la atención infantil, el perfil de sus clientes, sus estrategias de mercado, su rentabilidad y sus fuerzas y debilidades financieras.

Al juntar sus tareas en un solo plan de negocios en nueve partes, estará preparado para explicar su negocio a cualquiera. Si quiere solicitar un préstamo o una subvención, esta preparación servirá para que haga una presentación excelente. No dude en añadir su tarjeta personal, folleto o cualquier material promocional para mostrar la salud de su negocio.

Su plan de negocios va a ser leído por profesionales y debe estar escrito con un minucioso estilo comercial. Quizá necesite realizar algunas correcciones mientras transcribe sus tareas en el plan. A medida que redacta, trate de tener presente a quienes algún día revisen su plan: el funcionario bancario con vestido a rayas, que se ocupa de los préstamos, o el director de subvenciones tan consciente del dinero. Éste no es el lugar para expresar observaciones inteligentes sobre su afinidad con los niños y sus travesuras.

Si realiza su plan de negocios con el fin de obtener financiamiento para su empresa, debe estar en posición de responder las siguientes preguntas:

✔ ¿Cuánto necesita tomar a préstamo y de qué servirá este financiamiento para que su empresa tenga éxito?

> **Nota!**
>
> Ahora tiene todos los elementos de un plan profesional de negocios. Júntelos y estará listo para describir las prácticas y la rentabilidad de su guardería a un banquero, un centro de préstamos a empresas pequeñas o un patrocinador.

✔ ¿Cómo gastará el dinero prestado, en gastos de operación, para comprar o reparar equipo o mobiliario, para refinanciar su deuda? Anexe una lista detallada si es posible.

✔ ¿Que contribución económica aportará usted a este negocio?

✔ Anote la garantia con que cuenta para respaldar el préstamo. ¿Cuál es el valor actual de esa garantia?

Anexe a su plan de negocios esta información, con una copia de su declaración federal de impuestos más reciente.

Plan comercial de la guardería

Nombre: ....

Dirección: ....

Ciudad: ....

Estado: ....

Código postal: ....

Teléfono: ....

Nombre de la empresa: ....

Fecha: ....

1. Describa su empresa. Incluya los servicios que ofrece, antigüedad y todo aquello que la distinga de otras guarderías (incluya su tarjeta de presentación).

....

....

....

....

....

2. Describa sus antecedentes. ¿De qué manera lo han preparado para operar exitosamente su empresa? Incluya su experiencia, escolaridad y capacitación, títulos y asociaciones profesionales a las que pertenezca.

....

....

....

....

....

Plan comercial de la guardería (continuación)

3. Describa su mercado geográfico. Analice la demanda local de servicios de cuidado infantil en la zona donde se encuentra su empresa. ¿Cómo satisface esta ubicación las necesidades de sus clientes?

4. Describa a su cliente "habitual". ¿Quién contrata principalmente su servicio? Haga comentarios sobre el tamaño y las características de su mercado. ¿Por qué los clientes acuden a usted por servicios de guardería?

5. Describa otros servicios de guardería en su zona. ¿Qué distingue a su negocio de la competencia?

Plan comercial de la guardería (continuación)

6. Describa como promueve su empresa (añada su calendario de mercadeo y materiales publicitarios).

_____

_____

_____

_____

_____

7. Describa su sistema contable actual y sus normas comerciales. ¿Cómo sustenta la rentabilidad de su negocio? (añada una copia de su contrato con los padres).

_____

_____

_____

_____

_____

8. Explique la rentabilidad de su negocio. ¿Arroja utilidades, está en punto de equilibrio o pierde dinero? ¿Por qué está en esa posición? (añada su declaración anual más reciente y su estado de cuentas).

_____

_____

_____

_____

_____

Plan comercial de la guardería (continuación)

9. ¿Cuál será su ingreso en los próximos 12 meses? Tiene su empresa un flujo de efectivo adecuado para cubrir todos los gastos y cumplir con sus metas de rentabilidad? (añada su último plan de flujo de efectivo y análisis de punto de equilibrio).

APÉNDICE

Muestra de documentos comerciales

Muestra de renovación de contrato de guardería

CONTRATO DE RENOVACIÓN ANUAL

Guardería Daisy

Susan Sanders, responsable
200 Daisy Avenue
Hamilton, MT

Fecha de inicio _____ a fecha de terminación _____

Este contrato de renovación se hace entre el Padre o Tutor y el Proveedor para el cuidado de _____ en el hogar de Susan Sanders.

La tarifa es de $_____ por hora/día. Los horarios reservados son _____ para un total de _____ horas/días por la semana. El costo por semana es de $_____.
Los horarios reservados pueden ser modificados por mutuo consentimiento, con los costos ajustados en la forma correspondiente.

El pago se hace contra recibo del estado de cuentas mensual o en cualquier momento entre el primer y el octavo día del mes siguiente del servicio. El total puede incluir cargos extras o reducciones, según especificación de la declaración anual para los padres de la Guardería Daisy.

Tanto el Padre o Tutor como el Proveedor pueden dar por terminado este contrato mediante notificación por escrito con dos semanas de adelanto de la fecha de terminación. El Proveedor dará por terminado inmediatamente el contrato sin notificación previa si el Padre o Tutor no cubre los pagos en las fechas de vencimiento.

La firma de este contratro por parte del Padre o Tutor también indica que está de acuerdo en atenerse a las normas escritas del Proveedor. El Proveedor puede cambiar eventualmente esta normas, dando noticia.

El Padre o Tutor no será autorizado a tomar fotos de las actividades del niño en las instalaciones.

Este contrato expira en la fecha de _____ .

_____   _____
Firma del Padre o Tutor   Fecha

_____   _____
Dirección   Teléfono

_____   _____
Firna del Proveedor   Fecha

Muestra de contrato de guardería de temporada

ACUERDO DE GUARDERÍA DE VERANO

Guardería de Verano

Fecha de inicio _____ a fecha de terminación _____

Favor de reservar las semanas que he circulado abajo para mi hijo(s) _____ durante _____ días por semana. Entiendo que al hacer esta reservación me obligo a pagar las semanas circuladas, sea que mi hijo(s) asista(n) o no. No adquiero ninguna obligación por las semanas no circuladas.

Semanas: 1   2   3   4   5   6   7   8   9   10   11   12

También estoy de acuerdo en pagar la cuota de actividades de verano de $10.00 mensuales por familia (el aumento en las tarifas durante los meses del verano cubre los costos de traslados y actividades) y entiendo que la tarifa diaria por el cuidado en verano es de $15.00 por niño ($13.00 más por cada niño adicional de mi familia). El pago se hará dos veces por mes. Se requiere un anticipo igual al valor de un periodo de pago. El pago se vence los días 5 y 25 de cada mes.

Me interesan/No me interesan las clases de natación en verano que se impartirán las tardes de las semanas 1 y 2 en la universidad. Seré responsable del costo de las lecciones si quiero que participe mi hijo. La Guardería de Verano proveerá el traslado sin ningún costo adicional.

Salvo si ya está paga, acepto pagar una cuota de inscripción única de $20.00 el primer día de asistencia de mi hijo o antes.

He leído la información anterior así como el folleto de la Guardería de Verano y acepto los pagos descritos.

_____

Firma del Padre o Tutor   Fecha

_____

Firma del Proveedor   Fecha

Muestra de contrato de guardería de temporada (continuación)

ACUERDO DE CUIDADO INFANTIL DE VERANO

información general

En el calendario anexo se muestran las actividades de cada semana. Muchas de éstas se relacionarán con el tema respectivo de la semana. Otras actividades ejercitarán el cuerpo más que la mente. Su hijo(s) tomará sus propias decisiones sobre las actividades en las que quiera participar. A lo largo del verano, se alentará a los niños para que reúnan una colección (rocas, hojas, insectos, etc.). También esperamos cosechar los beneficios de un huerto fructífero. La semana se equilibrará entre las actividades programadas y el tiempo libre para descansar, jugar los juegos preferidos y disfrutar los días sin escuela.

Nota: Nos esforzamos por que todas las actividades junto a ríos y lagos sean extremadamente seguras y conservadoras. Nos instalamos en las aguas costeras no profundas de los ríos donde no hay corrientes. Repetimos que la seguridad es nuestra prioridad y tendrémos más maestros a las excursiones acuáticas.

Se aceptan binoculares, cámaras, repelentes de insectos y bloqueadores solares. Le suplicamos que anote de forma clara e indeleble el nombre de su hijo en todos los artículos que sean de su propiedad. Siempre tendremos repelente para insectos y bloqueador solar en la guardería, para el caso de que usted no quiera enviarlos.

Siempre son bienvenidos los padres que se presenten para una actividad o como custodios en una excursión. Si usted posee destrezas o ideas que concuerden con un tema específico, háganoslo saber. ¡Nos encantará que nos ayude!

Muestra de declaración de normas de la guardería

Guardería Victoria's TLC

Fecha de inicio _____ a fecha de terminación _____

¡Bienvenidos a Victoria's TLC! Me siento muy honrada de que me hayan escogido o piensen en escogerme como responsable del cuidado de su hijo. Creo que proveer servicios de cuidados infantiles es una profesión extremadamente importante. Mi meta fundamental es fomentar un sentimiento intenso de autoestima en los niños que confían a mi cargo. Cuando cultivamos el respeto propio en los niños que tratamos en nuestra vida cotidiana, no sólo les prestamos un gran servicio como individuos, sino también al conjunto de la sociedad.

Mi guardería cuenta con un registro estatal para atender hasta 12 niños más cuatro flotantes (después de la escuela o a la hora del almuerzo). Recibo niños desde dos meses hasta de edad escolar. Sólo reservo dos lugares para menores de dos años. Los niños a mi cuidado disfrutan de pertenecer a un grupo de edades mixtas en un ambiente hogareño. Participan en actividades apropiadas para su edad en mi casa, fuera y en la comunidad. Estas actividades fomentan las destrezas básicas de los preescolares.

Mi guardería forma parte de la State Child Care Association, the National Association for the Healthy Development of Young Children, y La Leche League. Participo regularmente en programas de capacitación patrocinados por estas instituciones y por la Child Care Resource and Referral Agency. Poseo un certificado en resucitación cardiopulmonar infantil y primeros auxilios de emergencia. Participo en el Child and Adult Care Food Program y presento bocadillos y comidas nutritivas a los niños que atiendo. No se fuma en mi casa. Tenemos dos gatos amigables, tolerantes y sin uñas: "Chico" y "Colette" y esperamos tener un perrito en dos años.

HORARIO

7:30 a 9:15	Desayuno y espacios de juego libre
9:15 a 9:30	Limpieza
9:30 a 10:30	Hora del círculo (actividades organizadas como narraciones, artesanías, música—toco guitarra, armónica y algo de banjo—, títeres, demostraciones científicas, desarrollo de conceptos, etc.).
10:30 a 12:00	Juego al aire libre (si el tiempo lo permite) y extensas actividades motoras (aeróbicos, juegos)
12:00 a 12:45	Almuerzo
12:45 a 1:00	Limpieza
1:00 a 3:00	Siestas y hora de descanso
3:00 a 3:30	Bocadillo vespertino
3:30 a 4:00	Hora del círculo
4:00 a 5:00	Juego libre en casa y al aire libre. En ocasiones, los niños ven un video o Plaza Sésamo
5:00 a 5:30	Limpieza y actividades tranquilas

Este horario da una idea de cómo pasa el tiempo su hijo en mi hogar. Es un horario flexible que depende de las edades e intereses de los niños, así como del estado del tiempo. Los lactantes tienen sus propios horarios individuales. Algunas veces hacemos excursiones que alteran notablemente el horario diario. Siempre le notificaremos con antelación de estas salidas especiales.

Horas de atención: Victoria's TLC abre de lunes a viernes de 7:30 a.m. a 5:30 p.m., los 12 meses del año. Puede acordarse con antelación servicios ocasionales de cuidado nocturno y de fin de semana. Mi esposo John trabaja en la universidad y yo coordino mis vacaciones con las suyas.

Cierro cuatro días del año, que coinciden con los feriados de la Universidad Estatal. Estas vacaciones son el Día de Acción de Gracias y el viernes siguiente, el Día de Conmemoración de los Caídos y el Día de la Independencia.

Además de estos feriados, cada año tomo en total cuatro semanas de vacaciones. En esos lapsos, los padres deben organizar su cuidado sustituto. Mis vacaciones se encuentran en estos periodos:

✔ Descanso de Navidad y Año Nuevo

✔ Descanso de primavera

✔ Vacaciones de verano

Haré del conocimiento de mis clientes las fechas exactas de mis vacaciones con al menos tres meses de adelanto.

Cierres por enfermedad y emergencia. Si yo o mi hijo Ryan nos enfermamos, llamaré una asistente del estudiantado regular de la universidad para que me cubra. *Victoria's TLC permanecerá abierta y esos días será administrada por mis asistentes. Desde luego, estaré en casa al alcance de mis asistentes en caso de una emergencia.* Algunas partes de mi casa están cerradas para los niños de la guardería y será ahí donde se quedará mi familia si se enferma.

Días personales. Me reservo el derecho de tomar cinco días pagos por año para emergencias familiares o asistir a citas con el médico, ocasiones familiares especiales, etc. Durante estos días personales, Victoria's TLC cerrará. *Si debo tomar un día personal inesperado, lo anunciaré a mis clientes tan pronto como pueda* y los ayudaré a encontrar un servicio de respaldo con mis contactos. *Si necesito tomar un día personal para asistir a un seminario o por razones de negocios, lo anunciaré a mis clientes con cuatro semanas de anticipación,* para que puedan organizar el reemplazo para su hijo ese día.

Tarifas, pagos y cuotas

Mensaje para mis clientes: Cuando asistía a la Child Care Provider Orientation patrocinada por Child Care Resource & Referral y los State Department of Family Services, me dijeron los expertos en la profesión que la vasta mayoría de las quejas de padres y proveedores en cuanto a los servicios de cuidado infantil concernían a tarifas, pagos y matrículas. Muchos de nuestros instructores en ese seminario habían prestado esos servicios durante 10 años o más y su experiencia les había enseñado que son indispensables unas normas y comunicaciones económicas claras. También aprendí que una de las principales razones de la enorme rotación de proveedores de servicios de guardería es su insatisfacción con sus ingresos, además de las confusiones y conflictos con sus clientes en lo que atañe al dinero. Se ofrecieron muchas sugerencias excelentes sobre cómo establecer un esquema de pagos para evitar tales problemas. Decidí seguir los consejos y establecí apropiadamente mis normas en cuanto a tarifas, pagos y matrículas.

Es muy importante para mí que mis clientes conozcan claramente mis normas. Me doy cuenta de que aunque trate de enunciarlas con la mayor claridad posible, habrá algunas preguntas. No dude en pedirme que clarifique todo lo que no comprenda; estaré encantada de explicarle. Nuestra relación padre/proveedor es muy importante para mí y si hay algo que pueda hacer para mejorar la comunicación entre nosotros, quiero hacerlo.

Tarifas

La colegiatura se paga en 12 cuotas mensuales durante la primera semana de cada mes. La cuota mensual se basa en las siguientes tarifas diarias y de tiempo parcial.

Tarifas de tiempo completo: Un día completo es de 7 a 10 horas

✔ *Tarifa completa por lactante:* $20.00 diarios (para niños menores de dos años)

✔ *Tarifa completa por preescolar:* $18.00 diarios

Tarifas de medio tiempo: Un día de medio tiempo es de menos de 7 horas

✔ *Tarifa parcial por lactante:* $2.50 por hora

✔ *Tarifa parcial por preescolar:* $2.00 por hora

Explicación de la colegiatura mensual

Desde el 1° de enero del 2XXX, Victoria's TLC tiene un esquema de pagos mensuales. Con este esquema, los padres pueden presupuestar mejor los costos del cuidado de sus hijos. Calculo el total de días hábiles del año (menos mis feriados y vacaciones sin beneficio de sueldo) y multiplico por su tarifa diaria (tiempo completo o medio tiempo, lactante o preescolar). Divido el resultado entre 12 para llegar a su colegiatura mensual.

Ajuste del costo de la vida

Para compensar la inflación así sea en parte (que de acuerdo con la Social Security Administration del gobierno federal es de 4 a 5 por ciento anual), me reservo el derecho de ajustar mis tarifas todos los años en enero. Este aumento corresponderá al índice anual del costo de la vida según el cálculo de la SSA. Informaré a los clientes de este aumento en las tarifas por lo menos tres meses de adelanto.

Pagos

El pago de la colegiatura mensual se vence en la primera semana de cada mes del año o, cuando mucho, el día 8 de cada mes. Se cobra una cuota por demora a los pagos recibidos después de ese día 8. Este pago es mi ingreso y, para garantizar que continúe cuidando a sus hijos, les pido que prevean hacer su pago de guardería a tiempo.

En la última semana de cada mes le entrego a cada cliente un estado de cuentas mensual en el que se incluyen todas las cuotas y tarifas que se vencen el día 8 del siguiente mes.

El pago obligado de la colegiatura mensual se basa en las horas que ustedes ACEPTARON servirse de la guardería, no de las horas efectivas de asistencia. El pago se adeuda cuando ustedes acordaron reservar ciertos horarios, independientemente de que su hijo(s) hayan asistido o no durante esas horas. Se paga por un espacio reservado para su(s) hijo(s) en Victoria's TLC y el pago se adeuda aparte de enfermedades, vacaciones o días libres.

Cuotas

Cuota de inscripción: Se cargará una cuota de inscripción única de $15.00 por niño con la colegiatura del primer mes. Esta suma se destinará a reemplazar juguetes rotos, materiales para manualidades, libros, etcétera.

Cuota por demora: Si una colegiatura no se cubre antes del día 8 del mes, cobraré una cuota por demora de $25.00 y su hijo no tendrá acceso a Victoria's TLC hasta que se paguen todas las colegiaturas y cuotas. Después de dos pagos morosos, me reservo el derecho de cancelar nuestro acuerdo de cuidado infantil.

Muestra de declaración de normas de la guardería (continuación)

Sobregiros: Si el banco me devuelve un cheque por cualquier razón, cobraré una cuota por devolución de $25.00 que debe ser paga en cuanto lo notifique.

Salida demorada: Victoria's TLC cierra a las 5:30 p.m. Para esa hora, todos los niños deben haber sido recogidos. Concederé cinco minutos de tolerancia antes de cobrar por salida demorada. Después de las 5:35 p.m., cobraré una cuota de .50 por minuto. Después de tres descuidos en la hora de salida, puedo dar por terminado nuestro contrato de cuidado infantil. Les suplico a mis clientes que respeten la hora de salida por el bien de mi familia.

Nota: Si tienen una emergencia legítima y me llaman para informarme que llegarán tarde, haré una excepción. También cuido ocasionalmente a un niño después de la hora de salida previo arreglo. En estas raras circunstacias, cobraré por su hijo la tarifa de tiempo extra después de las 5:30 p.m.

Admision

Se requiere una entrevista con los padres antes de aceptar un niño en Victoria's TLC. Necesitaré abrir un expediente de su(s) hijo(s) con su historial médico, contactos de emergencia y forma de aceptación de los padres, contrato de padres y proveedor, forma de autorización para ausentarse, volante de permiso para las excursiones y forma de inscripción en el Child and Adult Care Food Program. Las vacunas deben estar actualizadas y los niños menores de dos años deben someterse a un examen médico previo en las dos semanas anteriores a la admisión.

Comidas

Serviré desayuno, almuerzo y un bocadillo vespertino. Todas las comidas y bocadillos seguirán los criterios de nutrición establecidos por el Child and Adult Care Food Program. Si se requiere dieta especial, los padres deben suministrar los alimentos necesarios.

✔ Los cumpleaños son fechas especiales, por lo que pueden traer pastel, galletas y otras delicias para celebrar!

✔ Los padres de lactantes pueden traer leche materna extraida. Yo suministraré fórmula o alimento infantil. Los padres deben aportar botellas, tazas, cucharas y chupones. *No olviden marcar las botellas.*

Muestra de declaración de normas de la guardería (continuación)

Temas de salud

Seguiré las recomendaciones pediátricas de exclusión de la guardería, que ustedes recibirán con la inscripción. Si no están seguros sobre si traer a su hijo a la guardería, llámenme en la mañana y tomaremos la decisión. Se negará la entrada a los niños enfermos. Esta norma protege a su hijo de la exposición a enfermedades contagiosas.

Raspaduras y rasguños son inevitables cuando los niños juegan y serán tratados con antiséptico, una bandita y mucho amor. En caso de algo más grave, los llamaré de inmediato y esperaré a que recojan a su hijo a la mayor brevedad. Los niños enfermos serán aislados hasta que lleguen sus padres o un acompañante autorizado. Si en razón de su trabajo es imposible comunicarse por teléfono, les suplico que firmen una forma de aceptación de emergencia en el centro médico comunitario y que me lo hagan saber.

Poseo un certificado en reanimación cardiopulmonar infantil y primeros auxilios de emergencia. Si la situación exige medidas serias, llamaré al 911 y les informaré a la mayor brevedad que su hijo ha sido trasladado al hospital. Cuento con un seguro de accidentes que cubre los primeros $5,000 de atención urgente para su hijo incluyendo traslado en ambulancia, si su propio seguro no cubre estos gastos.

Las medicinas deben tener una forma de aceptación de los padres con las dosis y el horario. Todas las medicinas deben estar en su envase original con la etiqueta original. Esto es para protección de su hijo.

Ropa, pañales y mudas

Cada niño tendrá en mi casa su propio estante. Los padres serán responsables de proveer lo siguiente:

✔ *Pañales y toallas húmedas.* Son aceptables los pañales desechables o de tela. Si escogen de tela, es indispensable que suministren un recipiente *HERMÉTICO* para los pañales sucios (por ejemplo, una bolsa de almacenaje resistente con cierre de cremallera. Deben traer este recipiente por las mañanas y llevárselo a su casa por las tardes. Asi mismo, si eligen pañales de tela, traigan cierres sin alfileres en lugar de pantalones de plástico y alfileres. Les suplico que mantengan provisto de pañales el estante de su hijo. Habrá un cargo de .75 por cada pañal que use su hijo si se agota su provisión.

✔ *Una muda completa.* Dejen en el estante de su hijo una muda completa apropiada para la estación. Si su hijo requiere un cambio de ropa durante el día, enviaré de vuelta las prendas sucias y les pediré que las repongan al día siguiente. Dejen también en el estante de su hijo una bolsa de plástico para la ropa sucia.

✔ *Otras notas sobre la ropa.* Vistan a su hijo para que no tenga que preocuparse si se ensucia. Que no traiga los pies descalzos. Además, envíenlo con los *bolsillos vacíos:* Victoria's TLC no se hace responsable por la pérdida de artículos pequeños.

✔ *Manta* para los lactantes; *manta, almohada y colchoneta* para los preescolares. Los infantes dormirán la siesta en cunas o corrales que yo proporcionaré. Está bien si traen un juguete favorito, muñeco de peluche o chupón. *No se olviden de marcar todo.*

Normas de gobierno de los niños

Es mi opinión que el refuerzo positivo es una forma mucho mejor de fomentar las conductas deseables que el refuerzo negativo. No se aplicarán castigos corporales. Se recurrirá al aislamiento temporal o sentado en la silla en silencio, aparte de la discusión del incidente en términos que el niño comprenda. Si hay un problema, lo trataré con ustedes y resolveremos juntos la situación.

Acompañantes autorizados

Por la seguridad de su hijo, sólo permitiré que salga de mi casa con: (1) ustedes (los que inscribieron al niño), (2) las personas que designen en la forma de autorización de ausencia, y (3) *en una emergencia,* con una persona que no esté en la lista si ustedes me notificaron en persona o por teléfono que ella recogerá a su hijo y si entrega una forma firmada y fechada en que me autoricen a enviar el niño a casa con dicha persona.

Asi mismo, su hijo debe ser traído hasta mi puerta y debe anunciárseme que ha llegado. Hay que recogerlo en la puerta y debo saber que se va.

Transporte

Llenen por favor una forma de permiso para las excursiones de modo que su hijo pueda disfrutar con nuestras excursiones ocasionales. Al transportar a sus hijos en auto, estarán sentados con los dispositivos de seguridad infantil o asientos especiales (dependiendo de la talla del niño) Quizá les solicite una pequeña cuota para el pago del autobús, la entrada al museo, etcétera.

Muestra de declaración de normas de la guardería (continuación)

Actualización anual

Les pediré que cada año llenen formas nuevas. Es extremadamente importante que me devuelvan estas formas antes del plazo especificado. Anúncienme de inmediato si su nombre, dirección o teléfono cambian para mantener siempre actualizados mis registros.

Otras responsabilidades de los padres

Solicito a los padres que asuman estas responsabilidades:

✔ Anunciar por escrito con 15 días de anticipación que el niño dejará de asistir por cualquier razón (salvo por una emergencia médica grave). Si uno de los padres retira a su hijo súbitamente y sin anuncio previo, pagará la mitad de una colegiatura mensual después del retiro.

✔ Anunciar por escrito con 30 días de anticipación de las intenciones de modificar el horario permanente de cuidado infantil declarado en el contrato de padres y proveedor. Si no se hace este anuncio con 30 días de adelanto y el cambio consiste en una reducción en las horas de atención, los padres pagarán la colegiatura acordada con antelación durante todo el mes. Si los cambios solicitados consisten en un aumento en las horas, trataré de darle cupo, al no ser que no sea posible. Cuanto mas antes me notifiquen, mayores son las posibilidades de ajustarnos a sus cambios.

✔ Comunicarme regularmente todos los cambios de conducta o en la vida del niño que puedan afectarlo, para que satisfaga de la mejor manera sus necesidades emocionales y materiales. Por ejemplo, si muere una mascota favorita, me gustaría saberlo para estar atenta a los sentimientos y necesidades de su hijo.

✔ Es necesario que no obstruyamos las entradas de las cocheras de mis vecinos y que se estacionen en las zonas legales frente a mi domicilio. No se estacionen en doble fila. Ayúdenme a mantener buenas relaciones con mis vecinos.

Otras responsabilidades del proveedor

Asumiré estas responsabilidades:

✔ Suministrar un hogar acogedor, responsable, seguro y autorizado como guardería para respaldar las necesidades emocionales, sociales, intelectuales y materiales de su hijo.

✔ Anunciar por escrito al menos con dos semanas de antelación antes de dar por concluidos los servicios de cuidado a cualquier niño, salvo que sea por insuficiencia de pago de los padres, en cuyo caso el servicio se suspenderá de inmediato y hasta que se hayan cubierto completamente todas las facturas de la guardería.

Muestra de declaración de normas de la guardería (continuación)

✔ Entregar registros diarios por escrito de todos los lactantes (niños menores de dos años) de modo que ustedes sepan cuándo comió su hijo y cuanto, si tuvo movimientos intestinales, etc. Tanto con lactantes como con preescolares, siempre informaré a los padres de todo comportamiento ocurrido durante mi cuidado que salga de lo acostumbrado por su hijo (por ejemplo, si duerme o llora más de lo habitual).

✔ Entregar recibos mensuales y anuales de los pagos, para fines de impuestos de los padres.

Una última nota para mis clientes

Redacté estas normas para mejorar la clara comunicación en nuestra relación de padres y proveedor y para que ustedes y yo sepamos qué se espera de nosotros en nuestro esfuerzo conjunto por dar a los niños de Victoria's TLC la mejor experiencia de guardería posible. Si tienen preguntas sobre cualquiera de estas normas, siéntanse libres de preguntarme ahora o en cualquier momento futuro. Nuestra relación es muy importante para mí. Comuníquenme regularmente sus ideas y necesidades. Les agradezco desde el fondo del corazón por confiar en mí para cuidar a sus preciosos hijos. Me comprometo a hacer mi mayor esfuerzo por darles una experiencia maravillosa y adorable en mi hogar.

Muestra 1 de un plan de negocios de guardería

GUARDERÍA FAMILIAR NENITOS
PLAN DE NEGOCIOS PROFESIONAL

Nombre: Jamie M. Dower

Dirección: 101 Easy Street East Missoula, MT 59806 (406)549-0001

Nombre de la empresa: Guardería Nenitos Fecha: 1° de octubre del 2XXX

Descripción de la empresa

Nenitos es una guardería familiar autorizada para dar servicio a seis niños de recién nacidos a cinco años. Las regulaciones del departamento estatal de servicios familiares permiten que un adulto se encargue de seis niños. La responsable del cuidado y gerente de la empresa es Jamie Dower. Nenitos atiende a tres menores de dos años y tres mayores. La empresa se encuentra localizada en el hogar de los Dower, 101 Easy Street, East Missoula, Montana. La casa es luminosa y ventilada; tiene 2000 pies cuadrados, construcción de 2 × 12, molduras de aluminio, ventanas aislantes, dos baños y un patio grande de 107′ por 70′, cercado completamente por una valla tipo cadena. Nenitos opera desde marzo de 1995.

Antecedentes

Hace varios años, después de criar con éxito cinco hijos, investigué la posibilidad de comprar un inmueble para fundar un centro de cuidados infantiles. Dado el monto del capital necesario, en ese entonces no profundice en la posibilidad, sino que inicié una guardería en mi casa, que es grande, tiene un patio que cumple con los requisitos para las guarderías y tiene una ubicación cómoda. Me registré en el State Department of Family Services para cuidar seis niños. Después de completar el curso de orientación para los responsables de guarderías ofrecido por Child Care Resources en Missoula, participé en más de 30 horas de capacitación en niñez temprana durante cada uno de los dos años anteriores. Este año me inscribí en la Universidad de Montana al diplomado asociado en desarrollo infantil. Soy miembro de la Montana Child Care Association (MCCA) y ejerzco como miembro del consejo del capítulo de Missoula de esa organización. También soy miembro de la National Association of Education for Young Children (NAEYC). Poseo un certificado en resucitación cardiopulmonar infantil y primeros auxilios.

Antes de mi trabajo de cuidado infantil, trabajé ocho años como gerente general de nuestro negocio familiar, el motel Lucky J. Supervisaba a las amas de llaves, encargaba las provisiones, me encargaba de la recepción y llevaba la contabilidad.

Mercado local

La industria de las guarderías en Missoula sigue creciendo en la medida en que más madres se vinculan a la fuerza laboral en la zona de Missoula, el número de proveedores de cuidado infantil ha aumentado cada año durante los últimos siete. En el este de Missoula ha crecido la población en 25 por ciento durante los cuatro años anteriores. De acuerdo con el Child Care Resources Resource and Referral Service, que se ocupa de reunir familias que necesitan cuidados infantiles con proveedores de estos cuidados, en tal región hay una escasez de guarderías autorizadas.

La ubicación de una guardería es importante para los padres, quienes prefieren que esté cerca de su casa y trabajo, así como cerca de la escuela de los niños. Mi ubicación es conveniente para los padres de la zona de Mount Jumbo; está cerca de la Escuela Mount Jumbo y de la tienda de abarrotes donde las familias hacen sus compras después de la escuela y el trabajo.

Perfil del cliente

Mi mercado está compuesto principalmente de padres trabajadores con hijos pequeños que viven en la zona este de Missoula o sus alrededores. Estos padres trabajan de tiempo completo o medio tiempo. Su trabajo se encuentra en la ciudad de Missoula y el traslado entre el hogar y el trabajo dura de 15 a 30 minutos. Mi servicio de guardería está bien ubicado, cerca de sus hogares. Ofrezco a estas familias calidad, experiencia en la atención de preescolares y cuidado de infantes durante medio tiempo en la Escuela Mount Jumbo. Se proporciona transporte de ida y vuelta a la escuela. Las comidas y los bocadillos se ofrecen gratuitamente y cumplen con los requerimientos nutricionales del USDA Child and Adult Care Food Program. Mi servicio es especialmente conveniente para familias con varios hijos que pueden asistir a la misma guardería.

Otros servicios de guardería en el mercado local

Sólo hay otras cuatro guarderías en la zona este de Missoula, de acuerdo con personal de Child Care Resources. Dos de éstas son las guarderías Group Home Day Cares, autorizadas para atender 12 niños y que no ofrecen un ambiente más íntimo y doméstico que Nenitos. Los otros dos competidores se encuentran a las afueras de la zona este de Missoula y ninguno ofrece la seguridad de un área de juegos al aire libre totalmente cercada. Además, poseo la única proveedora del este de Missoula que cursa seriamente una educación continua en el campo del desarrollo de la niñez temprana.

Políticas comerciales

Llevo un libro de contabilidad mensual para registrar ingresos y egresos, que circulan por la cuenta corriente empresarial de Nenitos. Mi contrato con los padres se renueva cada año y en él se explicitan claramente las tarifas mensuales y el calendario de pagos, cuotas de las actividades y multas por salida tardía o pago moroso. Los padres aceptan pagar todas las horas de cuidado que reservaron, con un límite anual de 10 días de falta no pagos por vacaciones o enfermedad. En el momento de la inscripción, los padres pagan un depósito de seguridad de un mes que se devuelve completo si anuncian con 30 días de antelación la terminación del contrato, según se especifica en éste. Los pagos mensuales se hacen por adelantado. Estas políticas aseguran que mi ingreso se mantiene estable durante el año. Mis tarifas y cuotas se basan en una investigación de mercado en las instalaciones de las guarderías de la zona este de Missoula y se encuentran en el margen superior sin perder la competitividad. Los padres están de acuerdo en conseguir un reemplazo durante mis dos semanas de vaciones en julio y cinco días en Navidad.

Mercadeo

Mi mejor herramienta de mercadeo ha sido la publicidad de boca en boca de clientes satisfechos, lo que es extremadamente eficaz en la pequeña comunidad del este de Missoula. Cuando anticipo que habrá lugares vacantes en Nenitos, activo mi lista de referencias en Child Care Resources, para que las familias que necesiten cuidados infantiles en esta zona tengan mi nombre y dirección. En esas ocasiones, también coloco anuncios clasificados en la sección de guarderías del *Missoulian* dominical y el semanario *Messenger,* y reparto volantes en los alrededores de la escuela Mount Jumbo.

Rentabilidad

Desde el comienzo de su segundo año en el negocio, Nenitos arroja utilidades mensuales pequeñas pero constantes. He podido pagarme un sueldo mensual de $1,100, además de que he cumplido con mi meta de $2,000 al año. En septiembre de 1995, aumenté mis tarifas por cuidado de medio tiempo y cuidado de lactantes, y en enero de 1997 añadí a mi contrato un ajuste del costo de la vida basado en el índice correspondiente de la Social Security Administration del gobierno federal. Además, maximizo mis ingresos participando en el Child and Adult Care Food Program, que me reembolsa en promedio $365 al mes.

Proyecciones de ingresos

De acuerdo con el historial financiero de Nenitos durante los dos últimos años, anticipo un ingreso mensual de entre $2,000 y $2,400. Los gastos mensuales, incluyendo salarios e impuestos, serán de aproximadamente $1,800.

PLAN DE NEGOCIOS DE LA GUARDERÍA PLAY PLACE

Nombre: Xue Vang

Dirección: 120 Turner Street Garden City, MT 59802 (406) 728-5555

Nombre de la empresa: Play Place Child Care   *Fecha*: 2 de septiembre del 2XXX

Descripción de la empresa

Play Place es un servicio doméstico de guardería familiar registrado desde 1994 en el State Department of Family Services para cuidar a seis niños. La responsable y gerente es Xue Vang. Play Place se encuentra en la cochera remodelada de la residencia de la familia Vang situada en el 120 de Turner Street en el norte de Garden City. El lugar dispone de 1,000 pies cuadrados para la atención de los niños.. La construcción es de 2×12, con un baño y un patio grande y cercado. Después de tres años exitosos, Play Place se registró como parte del Group Home Day Care, que puede atender hasta 12 niños con la asistencia de dos personas de medio tiempo.

Antecedentes

Después de mudarme a los Estados Unidos en 1982, aprendí inglés y obtuve un título de equivalencia de postgrado en el programa de educación continua para adultos del distrito escolar de Garden City. Mientras me ocupaba de mis dos hijos en casa, observé la necesidad de cuidados infantiles de calidad en mi vecindario al norte de Garden City. Desde la apertura de Play Place, he asistido a los programas anuales de capacitación de Child Care Orientation y los programas de capacitación mensual de la Garden City Child Care Association. Este año participé en las seis semanas de capacitación empresarial para guarderías en el Garden City Economic Development Group.

Mercado local

El lado norte de Garden City es hogar de muchas familias con hijos pequeños. Vivo al cruzar la calle de una parada de autobús escolar para alumnos de la primaria Lincoln, que atiende desde jardín de infantes hasta quinto grado. Todas las mañanas, más de 25 niños abordan el autobús ahí. A sólo seis calles se encuentra la Escuela Whitman, sede de los programas preescolares de medio tiempo Head Start de Garden City. En mi zona de residencia hay muchas casas y departamentos que pertenecen a la Garden City Housing Authority, que provee alojamiento subsidiado a familias de bajos recursos. También cerca se encuentra la fábrica Mountain Sports factory y el hospital St. John's, que dan trabajo a muchos de mis vecinos. La ubicación de Play Place y las horas de servicio lo hacen conveniente para quienes cambian turnos de trabajo, como los empleados de la fábrica Mountain Sports factory y de St. John's, así como de las familias cuyos hijos asisten a la escuela Lincoln School o al programa Head Start.

Perfil del cliente

Mis clientes son principalmente familias del lado norte con hijos de recién nacidos a 12 años. Estas familias trabajan o participan en las actividades de capacitación laboral del Garden City Job Service. Muchas necesitan guarderías de medio tiempo y otras tantas requieren horarios de atención variados entre las 7 a.m. y las 11:30 p.m. Play Place se especializa en programar atención de tiempo parcial y ofrece guardería muy temprano o muy tarde.

Otras guarderías en el mercado local

Hay dos guarderías domésticas relativamente nuevas en el lado norte. El único centro de cuidado infantil de la zona cerró en enero y dejó a muchas familias en busca de una guardería. Soy la proveedora de estos servicios con más experiencia en esta zona. De acuerdo con la Child Care Resource and Referral Agency, soy la única proveedora que ofrece un contrato y normas. Me enorgullezco de la estabilidad de mi empresa, mis buenas relaciones con las familias y mi buen mantenimiento de las instalaciones de la guardería y el área de juegos al aire libre. También soy la única que ofrece servicios muy temprano y muy tarde.

Políticas comerciales

Llevo un libro de contabilidad mensual para registrar todos los ingresos y egresos. Como ofrezco servicios de cuidado de medio tiempo muy temprano o muy tarde, puedo asignar a mis tarifas un precio ligeramente mayor que la competencia. Me gusta trabajar con clientes cuyo pago está subvencionado por el estado, pero requiero que compensen la diferencia entre la tasa del estado y la mía. Cobro por los servicios cada mes, aplico una cuota mensual y pido un mes de pago por adelantado. Los clientes aceptan limitar los días de falta sin paga a 10 por año. El Child and Adult Care Food Program me reembolsa aproximadamente $650 al mes.

Mercadeo

Play Place está anotada en el Child Care Resource and Referral Service de la localidad. Repartí mis volantes en la dirección de la Escuela Lincoln, el Garden City JOBS Service y la Garden City Housing Authority Resident Council Office. El personal de estos lugares me remite habitualmente clientes en busca de guardería.

Rentabilidad

Durante los últimos tres años, Play Place estuvo en punto de equilibrio o bien obtuvo una ganancia. Este año, con la expansión al Group Home y la adición de mis dos sobrinas al personal, proyecto un ingreso que me permitirá pagarme $1,100 al mes, pagar a mis ayudantes $910 al mes y alcanzar mi meta de ganancias mensual de $100.

Proyecciones de ingresos

Proyecto un ingreso para los próximos 12 meses de $46,800 de colegiaturas y $7,800 del Child and Adult Care Food Program, para un total de $54,600. Proyecto los gastos de operación en $1,200 al mes (o $14,400 al año); los gastos variables serán de $3,150 al mes (o $37,800 al año). Esto proyecta una utilidad anual de $2,400. Como estos cálculos se basan en una equivalencia a tiempo completo de sólo 10 niños, son una proyección conservadora. Creo que esta utilidad sería adecuada para permitirme pagar un préstamo empresarial de $10,000 para mejoras estructurales a las instalaciones de mi guardería.

B

Formas reproducibles

Tabla de tasas del sondeo de mercado

	Tasas diarias					
Número de proveedores	$	$	$	$	$	$

Contrato de guardería

Nombre del programa _____

Nombre del padre, madre o tutor _____

Nombre del niño inscrito _____ Fecha de nacimiento _____

Dirección _____ Ciudad _____

Estado _____ Código postal _____ Teléfono _____

Nombre, dirección y teléfonos de adultos con los que acepta colaborar

_____

_____

_____

Días y horas de cuidado reservado _____

Tarifas y calendario de pagos _____

_____

Faltas previstas e imprevistas _____

_____

Pago de terceros _____

_____

Noticia de terminación _____

_____

Multas _____

_____

Contrato de guardería (continuación)

Tarifas complementarias _____

Ausencia del proveedor (feriados, vacaciones, enfermedad) _____

Sustituto de cuidado acordado _____

Fecha de renegociación del contrato _____

Anexo: información médica de emergencia/forma de salida

❐ nombre y teléfono del pediatra del niño

❐ nombre y teléfono del dentista del niño

❐ número de póliza del seguro médico

❐ discapacidades especiales, condiciones médicas o información dietética

❐ nombre y teléfono de un contacto para caso de emergencia

Anexo: norma de exclusión del niño enfermo

Análisis de punto de equilibrio

Costos directos mensuales (gastos que dependen del número de niños que atiende)

Alimentos . . . . $ _____
Materiales . . . . $ _____
Salarios . . . . $ _____

Más

Costos de operación mensuales (estos gastos no varían de un mes a otro)

Publicidad . . . .$ _____
Materiales para artes y manualidades . . . .$ _____
Vencimientos/Suscripciones . . . .$ _____
Seguro . . . .$ _____
Mantenimiento/Arreglos . . . .$ _____
Papelería . . . .$ _____
Renta . . . .$ _____
Teléfono . . . .$ _____
Sueldos (del personal que no trabaja directamente con los niños) . . .$ _____
Capacitación . . . .$ _____
Otros . . . .$ _____

Más

Otras necesidades de efectivo (pago de deudas, impuestos) . . . .$ _____

Más

Meta de utilidades (su decisión personal) . . . .$ _____

Igual a

Punto de equilibrio . . . .$ _____

Ahora calcule:

Punto de equilibrio . . . .$ _____
dividido por el número de niños atendidos por mes
(limitado por regulaciones estatales) . . . .$ _____

Igual a

Ingreso mensual promedio necesario por cada niño . . . .$ _____

Ficha del libro contable de la guardería

Hoja de cálculo de libro mayor

Ingresos								Egresos									
Misceláneos		Matrí-culas	Programa alimenticio de la USDA	Monto del depósito	Balance	FECHA	Detalle de cheques expedidos y depósitos	En pago de	Cheque #	Cantidad	Alimentos	Suministros — mat'ls	Mant./ arreglos	teléfono	utilidades	préstamo	cuentas varias	monto
Descr.	Monto							←ACARREO→										

Proyección del flujo de efectivo de la guardería

Nombre de la empresa:
Año:

Mes:	Ene	Feb	Mar	Abr	Mayo	Junio	Julio	Agto	Sep	Oct	Nov	Dec	Total
Lugares ocupados:													
Ingresos													
Matrícula													
USDA													
Otros													
TOTAL													
Costos directos													
Sueldos/ Impuestos de empleo													
Reemplazo													
Alimentos													
Otros													
TOTAL													
% de costos directos													
GANANCIA BRUTA													
% de ganancia bruta													
Costos de operación													
Publicidad													
Tarifas bancarias													
Suministros de la guardería													
Vencimientos/ Suscripciones													
Seguro													
Mantenimiento/ Arreglos													
Millaje													
Misceláneos													
Papelería													
Impuesto sobre la nómina													
Correo													
Imprenta													

Proyección del flujo de efectivo de la guardería (continuación)

Nombre de la empresa:
Año:

Mes:	Ene	Feb	Mar	Abr	Mayo	Junio	Julio	Agto	Sep	Oct	Nov	Dec	Total
Servicios profesionales													
Renta													
Impuestos/Licencias													
Teléfono													
Viajes													
Capacitación													
Servicios													
Sueldos/ Administración													
TOTAL													
GANANCIA NETA													
% de ganancia neta													
Efectivo inicial													
MÁS:													
Ganancia neta													
Partida del préstamo													
Inyección de recursos													
Subsidios recibidos													
Donaciones													
Otros													
SUBTOTAL													
MENOS:													
Servicio de la deuda (C + I)													
Gastos de capital													
Equipo grande													
Impuesto sobre la renta													
Retiro del dueño													
SUBTOTAL													
Superávit (déficit)													
Efectivo final													

Estado de ingresos

Nombre del programa:

Periodo del _____, de _____ del 20____ al _____, de _____ del 20_____

Ingresos de la guardería . . . . $ ....

Menos costos directos . . . . − ....

Igual a la ganancia bruta . . . . = ...

Ganancia bruta . . . . $ ....

Menos costos de operación . . . . − ....

Igual a la ganancia neta . . . . = ...

Menos gastos de capital . . . . − ....

Menos pago de intereses . . . . − ....

Menos depreciación . . . . − ....

Igual a ingresos antes de impuestos . . . . = ...

Menos pago de impuesto sobre la renta . . . . − ....

Igual a ingresos netos . . . . = ...

Forma de balance

Estado de activos y pasivos al _____ de _____ del 20 _____

Nombre del programa: _____

ACTIVOS	PASIVOS

ACTIVOS

Activos disponibles

Efectivo . . . . $ _____

Cuentas por cobrar . . . . + _____

Inventario . . . . + _____

Gastos prepagados . . . . + _____

Activos disponibles totales . . $ _____

Activos fijos

Terreno, construcción,
equipo y mobiliario . . . . . . $ _____

Menos depreciación . . . . . . − _____

Activos fijos totales . . . . $ _____

**Activos disponibles
totales** . . . . $ _____

Activos fijos totales . . . . . + _____

ACTIVOS TOTALES . . . . . $ _____

ACTIVOS TOTALES . . . . $ _____

PASIVOS

Pasivos exigibles

Cuentas por pagar . . . . $ _____

Impuesto sobre la renta . . . + _____

Préstamo a corto plazo . . . . + _____

Parte actual a largo plazo . . + _____

Pasivos exigibles totales . . . $ _____

Pasivos a largo plazo

Préstamo a largo plazo . . . . $ _____

Otros . . . . + _____

Pasivos a largo plazo totales $ _____

Pasivos exigibles totales $ _____

**Pasivos a largo plazo
totales** . . . . + _____

PASIVOS TOTALES . . . . . $ _____

PARTE DEL . . . . $ _____
PROPIETARIO

PASIVOS TOTALES +
PARTE DEL PROPIETARIO $ _____

Plan comercial de la guardería

Nombre: _____

Dirección: _____

Ciudad: _____

Estado: _____

Código postal: _____

Teléfono: _____

Nombre de la empresa: _____

Fecha: _____

1. *Describa su empresa. Incluya los servicios que ofrece, antigüedad y todo aquello que la distinga de otras guarderías (agregue su tarjeta de presentación).*

   _____

   _____

   _____

2. *Describa sus antecedentes. ¿De qué manera lo han preparado para operar exitosamente su empresa? Incluya su experiencia, escolaridad y capacitación, títulos y asociaciones profesionales a las que pertenezca.*

   _____

   _____

   _____

3. *Describa su mercado geográfico. Analice la demanda local de servicios de cuidado infantil en la zona donde se encuentra su empresa. ¿Cómo satisface esta ubicación las necesidades de sus clientes?*

   _____

   _____

   _____

   _____

Plan comercial de la guardería (continuación)

4. *Describa a su cliente "habitual". ¿Quién contrata principalmente su servicio? Haga comentarios sobre el tamaño y las características de su mercado. ¿Por qué los clientes acuden a usted por servicios de guardería?*

5. *Describa otros servicios de guardería en su zona. ¿Qué distingue a su negocio de la competencia?*

6. *Describa como promueve su empresa (añada su calendario de mercadotecnia y materiales publicitarios).*

7. *Describa su sistema contable actual y sus normas comerciales. ¿Cómo sustentan la rentabilidad de su negocio? (añada una copia de su contrato con los padres).*

Plan comercial de la guardería (continuación)

8. *Explique la rentabilidad de su negocio. ¿Arroja utilidades, está en punto de equilibrio o pierde dinero? ¿Por qué está en esa posición? (añada su declaración anual más reciente y su estado de cuentas).*

9. *¿Cuál será su ingreso en los próximos 12 meses? Tiene su empresa un flujo de efectivo adecuado para cubrir todos los gastos y cumplir con sus metas de rentabilidad? (añada su último plan de flujo de efectivo y análisis de punto de equilibrio).*

Ficha del libro de la guardería.

Hoja de cálculo de libro mayor

Ingresos											Egresos							
Misceláneos		Matrí-culas	Programa alimenticio de la USDA	Monto del depósito	Balance	FECHA	Detalle de cheques expedidos y depósitos	En pago de	Cheque #	Cantidad	Alimentos	Suministros – mat'ls	Mant./arreglos	teléfono	utilidades	préstamo	cuentas varias	monto
Descr.	Monto																	
							←ACARREO→											

Proyección del flujo de efectivo de la guardería

Nombre de la empresa:
Año:

Mes:	Ene	Feb	Mar	Abr	Mayo	Junio	Julio	Agto	Sep	Oct	Nov	Dec	Total
Lugares ocupados:													
Ingresos													
Matrícula													
USDA													
Otros													
TOTAL													
Costos directos													
Sueldos/ Impuestos de empleo													
Reemplazo													
Alimentos													
Otros													
TOTAL													
% de costos directos													
GANANCIA BRUTA													
% de ganancia bruta													
Costos de operación													
Publicidad													
Tarifas bancarias													
Suministros de la guardería													
Vencimientos/ Suscripciones													
Seguro													
Mantenimiento/ Arreglos													
Millaje													
Misceláneos													
Papelería													
Impuesto sobre la nómina													
Correo													
Imprenta													

Proyección del flujo de efectivo de la guardería (continuación)

Nombre de la empresa:
Año:

Mes:	Ene	Feb	Mar	Abr	Mayo	Junio	Julio	Agto	Sep	Oct	Nov	Dec	Total
Servicios profesionales													
Renta													
Impuestos/Licencias													
Teléfono													
Viajes													
Capacitación													
Servicios													
Sueldos/ Administración													
TOTAL													
GANANCIA NETA													
% de ganancia neta													
Efectivo inicial													
MÁS:													
Ganancia neta													
Partida del préstamo													
Inyección de recursos													
Subsidios recibidos													
Donaciones													
Otros													
SUBTOTAL													
MENOS:													
Servicio de la deuda (C + I)													
Gastos de capital													
Equipo grande													
Impuesto sobre la renta													
Retiro del dueño													
SUBTOTAL													
Superávit (déficit)													
Efectivo final													

Estado de cuentas

Nombre del programa:

Periodo del_____, de _____ del 20____ al _____, de _____ del 20_____

Ingresos de la guardería . . . . $ _____

Menos costos directos . . . . − _____

Igual a la ganancia neta . . . . = _____

Ganancia neta . . . . $ _____

Menos costos de operación . . . . − _____

Igual a la ganancia neta . . . . = _____

Menos gastos de capital . . . . − _____

Menos pago de intereses . . . . − _____

Menos depreciación . . . . − _____

Igual a ingresos antes de impuestos . . . . = _____

Menos pago de impuesto sobre la renta . . . . − _____

Igual a ingresos netos . . . . = _____

Forma de balance

Estado de activos y pasivos al _____ de _____ del 20 _____

Nombre del programa:

ACTIVOS	PASIVOS
Activos disponibles	**Pasivos exigibles**
Efectivo . . . . $ _____	Cuentas por pagar . . . . $ _____
Cuentas por cobrar . . . . . . + _____	Impuesto sobre la renta . . . + _____
Inventario . . . . + _____	Préstamo a corto plazo . . . . + _____
Gastos prepagados . . . . . . + _____	Parte actual a largo plazo . . + _____
Activos disponibles totales . . $ _____	Pasivos exigibles totales . . . $ _____
Activos fijos	**Pasivos a largo plazo**
Terreno, construcción, equipo y mobiliario . . . . . . $ _____	Préstamo a largo plazo . . . . $ _____
Menos depreciación . . . . . . − _____	Otros . . . . + _____
Activos fijos totales . . . . . . $ _____	Pasivos a largo plazo totales $ _____
Activos disponibles totales . . . . $ _____	**Pasivos exigibles totales** $ _____
Activos fijos totales . . . . + _____	**Pasivos a largo plazo totales** . . . . + _____
ACTIVOS TOTALES . . . . $ _____	**PASIVOS TOTALES** . . . . $ _____
	PARTE DEL . . . . $ _____ **PROPIETARIO**
ACTIVOS TOTALES . . . . $ _____	PASIVOS TOTALES + PARTE DEL PROPIETARIO $ _____

APÉNDICE

C

Bibliografía

Benhan, Helen, *Parent Communication Tips From the Editors of Pre-K Today,* Nueva York, Scholastic, 1992.

Child Care Directors, *250 Management Success Stories from Child Care Center Directors,* Redmond, Child Care Information Exchange, 1995.

Copeland, Tom, *The Basic Guide to Family Child Care Record Keeping,* St. Paul, Redleaf Press, 5a. ed., 1995.

———, *Family Child Care Contracts and Policies: How to Be Businesslike in a Caring Profession,* St. Paul, Redleaf Press, 2a. ed., 1997.

———, *The 1999 Family Child Care Tax Workbook,* St. Paul, Redleaf Press, 1999.

Diffily, Deborah y Morrison, Kathy, *Family Friendly Communication for Early Childhood Programs,* Washington DC, National Association for the Education of Young Children, 1996.

Eiselen, Sherry, *The Human Side of Child Care Administration: A How-To Manual,* Washington DC, National Association for the Education of Young Children, 1992.

Fagella, Kathy y Horowitz, Janet, *Partners for Learning: Promoting Parent Involvement in School,* First Teacher Press, 1986.

Ferrar, Heidi M., *Places for Growing: How to Improve Your Child Care Center,* Princeton, Mathematica Policy Research, Inc., Rockefeller Foundation, 1996.

————, *Places for Growing: How to Improve Your Family Child Care Home,* Princeton: Mathematica Policy Research, Inc., Rockefeller Foundation, 1996.

Gestwicki, Carol, *Home, School and Community Relations: A Guide to Working with Parents,* Albany, Delmar Publishers, 1992.

González-Mena, Janet, *Tips and Tidbits: A Book for Family Day Care Providers,* Washington DC, National Association for the Education of Young Children, 1991.

Hewitt, Deborah, *So This Is Normal, Too? Teachers and Parents Working Out Developmental Issues in Young Children,* St. Paul, Redleaf Press, 1995.

Kontos, Susan, *Family Day Care: Out of the Shadows and into the Limelight,* Washington DC, National Association for the Education of Young Children, 1992.

Montanari, Ellen Orton, *101 Ways to Build Enrollment in Your Early Childhood Program,* Phoenix, CPG Publishing Company, 1992.

Neugebauer, Bonnie y Roger, *On-Target Marketing: Promotion Strategies for Child Care Centers,* Redmond, Child Care Information Exchange, 1996.

Pruissen, Catherine M., *Start and Run a Profitable Home Day Care: Your Step-by-Step Business Plan,* North Vancouver: Self Counsel Press, 1998.

Sciarra, Dorothy June y Dorsey, Anne, *Developing and Administering a Child Care Center,* Albany, Delmar Publishers, 4a. ed., 1999.

Soho Center y Redleaf Press, *The Business of Family Child Care with Tom Copeland: How to Be Successful in Your Caring Profession,* video de 1996 disponible en Redleaf National Institute, 450 N. Syndicate Avenue, Suite 5, St. Paul, MN 55104.

Stonehouse, Anne, *How Does It Feel? Child Care from a Parent's Perspective,* Redmond, Child Care Information Exchange, 1995.

Glosario

Activos: Valor de todo lo que posee la empresa, inventario, mobiliario, equipo, cuentas por cobrar, efectivo, terrenos o propiedades.

Ajuste del costo de la vida (Cost-of-Living Adjustment, COLA): Cambio en el salario o las percepciones basado en el índice federal anual del costo de la vida. Muchos patrones revisan el costo de la vida cada año y ajustan el pago de los empleados en concordancia.

Análisis de punto de equilibrio: Un cálculo del nivel de ventas necesario para pagar todos los costos y alcanzar las metas de utilidades.

Calendario de depreciación: Tabla en que se indica el monto por año y el número de años en los que se desprecia un activo.

Competidores: Empresas o individuos que proveen un servicio equivalente. Hay dos clases de competidores: directos e indirectos. Los competidores directos de una guardería doméstica son otros negocios de guarderías en casa. Los competidores indirectos de una guardería doméstica son los otros servicios de cuidado infantil (centros, preescolares, familiares).

Costos de operación: Gastos que no varían con el número de clientes atendidos. En el caso de las guarderías, incluyen ocupación, servicios, teléfono, cuotas de capacitación, imprenta. También se llaman costos fijos, costos indirectos o gastos generales.

Costos directos: Gastos que varían con el número de clientes atendidos. También se conoce como costos variables o, en otras industrias, como costo de bienes vendidos (COGS).

Costos indirectos: Gastos que no varían con el número de clientes atendidos. En el caso de las guarderías, incluyen ocupación, servicios, teléfono, cuotas de capacitación, imprenta. También se llaman costos fijos, costos de operación o gastos generales.

Cuenta corriente: Cuenta bancaria contra la cual se giran los cheques. Sirve para separar los ingresos y egresos del negocio de los ingresos y gastos personales.

Cuentas por cobrar: Dinero que se debe al negocio.

Cuentas por pagar: Facturas que se deben.

Deducciones: Gastos de operación de una empresa que se aplican al reducir las ganancias brutas con fines de impuestos.

Déficit: Falta de fondos. La cuenta corriente tiene un déficit cuando el saldo es en contra o en "números rojos".

Depreciación: Reducción anual del valor de terreno, construcción, equipo o muebles de acuerdo con el calendario del IRS.

Efectivo final: Efectivo total en la cuenta corriente, ahorros y fondo de gastos menores al final de cualquier periodo contable.

Efectivo inicial: Efectivo total en la cuenta corriente, ahorros y fondo para gastos menores al comienzo de cualquier periodo contable.

Estado de cuenta: Documento que muestra el origen y las sumas de los ingresos, los costos y gastos de proveer un servicio y la suma de las ganancias (o pérdidas) resultantes durante un periodo especifico. También se conoce como estado de pérdidas y ganancias.

Estrategia de mercadeo: Un plan especifico para atraer clientes a la empresa.

Fijación de precios: Actividad ilegal de los competidores que acuerdan cobrar las mismas tasas por productos o servicios.

Forma de balance: Documento que muestra los activos del negocio (lo que el negocio posee) y los pasivos (lo que debe) en determinada fecha. También se muestra la parte del propietario (la inversión personal del dueño más las utilidades).

Ganancia bruta: Ingresos totales menos costos directos. También se denomina margen de utilidad bruta.

Ganancia neta: El ingreso total menos los costos directos y los costos de operación. También se llama margen de utilidad neta.

Gasto de capital: Monto invertido en cualquier activo o mejora que se aprovechará en la empresa más de un año.

Gastos en equipo grande: Fondos invertidos en la compra de equipo con valor de $100 o más y destinados al negocio para más de un año. En general, estos bienes se deprecian.

Ingresos netos: Ingresos totales que quedan luego de pagar todos los gastos.

Ingresos: Entradas que recibe el negocio.

Inventario: Valor en dinero de los suministros y materiales perecederos que se tienen.

Investigación de mercado: Información reunida para reflejar los números y preferencias de los compradores potenciales de un servicio.

Inyección de recursos: Valor de bienes o dinero aportados por el propietario al negocio.

Libro mayor: Formato contable que lleva los ingresos y egresos del negocio por categoría.

Mercado: Individuos o empresas que son más probable que compren un producto o servicio.

Meta de ganancias: El monto de ganancias que el dueño espera del negocio dentro de un tiempo determinado.

Nicho: Servicio muy definido especializado en un conjunto particular de clientes. También se conoce como "justo lo que buscaban".

Pago de intereses: Intereses pagados por el préstamo comercial o cualquier otro rubro pagadero.

Pago del impuesto sobre la renta: Impuestos anuales o trimestrales federales, estatales y locales.

Partida del préstamo: Suma que desembolsa el prestamista para el prestador.

Pasivos: Valor de todo lo que debe el negocio, incluyendo cuentas por pagar, impuestos sobre la renta y pagos de préstamos. Un pasivo exigible es una deuda que será pagada en el año en curso; un pasivo a largo plazo es una deuda que se extenderá después del año en curso.

Perfil del cliente: Descripción de un cliente característico. Las categorías que se utilizan regularmente para la descripción son edad, nivel de ingresos, escolaridad, profesión, zona geográfica, estilo de vida o intereses.

Plan de beneficios flexibles: Prestación ofrecida por las empresas a sus empleados por el que éstos pueden aportar una parte de su salario, libre de impuestos, para cubrir los gastos del cuidado de dependientes, gastos médicos generales, seguros médicos y fondos de retiro. También se denomina plan de cafetería.

Plan de cafetería: Prestación ofrecida por las empresas a sus empleados por el que éstos pueden aportar una parte de su salario, libre de impuestos, para cubrir los gastos del cuidado de dependientes, gastos médicos generales, seguros médicos y fondos de retiro. También se denomina plan de beneficios flexibles.

Porcentaje de costos directos: Porcentaje de los ingresos del proveedor de cuidados infantiles que va directamente a los gastos relacionados con la atención de los niños.

Porcentaje de ganancia bruta: Ganancia bruta dividida entre los ingresos totales, multiplicado por 100. Porcentaje de los ingresos totales que queda después del costo de los bienes vendidos.

Porcentaje de ganancia neta: Ganancia neta dividida entre los ingresos totales y multiplicado por 100. El porcentaje de los ingresos totales que quedan después de todos los gastos.

Porcentaje de tiempo y espacio: Fórmula que determina qué parte de una casa se destina a fines comerciales y cuál es el valor económico de ese fin. Sirve para calcular el porcentaje de gastos domésticos de un proveedor casero de servicios de guardería que puede deducirse como gastos empresariales para propósitos de impuestos.

Proyección de flujo de efectivo: Estimado de ingresos y gastos en un periodo futuro especificado (por lo regular de un año). Muestra la pauta de entradas y salidas de dinero e indica cuánto y cuándo se necesitará efectivo para la operación del negocio.

Proyección: Cálculo de ingresos y egresos futuros.

Recibo: Reconocimiento por escrito de un pago.

Rentabilidad: Capacidad de un negocio de generar una utilidad, quedar en punto de equilibrio o perder utilidades.

Retiro del dueño: Dinero tomado de las utilidades de un negocio para uso personal del propietario.

Salarios: Comprende sólo los honorarios de los responsables de la atención como parte de los costos directos.

Seguro de automóvil: Seguro que a veces se requiere para el uso comercial de un automóvil. Los proveedores que transportan niños como parte de su servicio de cuidado infantil deben revisar sus pólizas.

Seguro de propietarios de casa: Seguro que a veces se requiere para el uso comercial de una casa. Los proveedores que ofrecen servicios de cuidado infantil en sus hogares deben revisar sus pólizas.

Seguro de responsabilidad civil: Póliza de seguro que contrata el propietario de una guardería para protegerse de la responsabilidad por lesiones, enfermedades, muerte u hostigamiento sexual que se aleguen como resultado del cuidado en la guardería.

Servicio de la deuda: Dinero gastado en pagar la deuda, incluyendo capital e intereses.

Superávit: Cantidad que sobrepasa cierta cifra.

Valor para el propietario: Parte del valor total del negocio que es igual a la inversión del propietario más las utilidades.

Indice